I SANTI

A mia madre Maria Giovanna

MONICA

E subito mi riconobbi implume,
Dio, tra mani possenti.

Intonai passi alla tua voce,
camminai svolgendo nel grembo
il tuo disegno.

Sfogliai giorni chinando
desideri, piegai di umiltà
la rivolta a tanto pianto

e attesi la tua risposta
oltre il cielo e giunsi.

(Amelia Burlon Siliotti)

P. REMO PICCOLOMINI o.s.a.

Santa Monica

SANTA MONICA

MADRE FORTE NELLA PIETÀ

Testi: **Padre Remo Piccolomini o.s.a**

ISBN 978-88-8404-120-3
Per ordinare questo libro citare il codice 8356

TOTUS TUUS

Per gli ordini rivolgersi alla:

Editrice Shalom
Via San Giuseppe, 57
60020 Camerata Picena (An)

Tel. 071. 74 50 440 r.a.
dal lunedì al venerdì
dalle 9.00 alle 19.00

Numero Verde
800 03 04 05 **solo ordini**

Fax 071. 74 50 140
sempre attivo in qualsiasi ora
del giorno e della notte.

e-mail: ordina@editriceshalom.it
http:// www.editriceshalom.it

INDICE

PARTE PRIMA

Santa Monica: ambiente e personaggio

SECONDA PARTE

Monica ed Agostino

Prefazione

Ho voluto scrivere la vita di santa Monica, madre di sant'Agostino, per riparare un torto. Ho girato l'Italia per lungo e per largo a parlare di sant'Agostino. Durante questa mia missione ho commesso un peccato di omissione: solo raramente ho parlato di Monica ed ora voglio riparare, stimolato anche dal fatto che, prendendo in mano il volumetto sant'Agostino: Mia madre *a cura di A. Trapè, mi sono ricordato di quanto il padre Trapè mi raccontò a proposito di questo lavoro: il Papa, Paolo VI, dopo aver parlato con lui, lo congedò dicendogli: perché non pensa di scrivere una vita di santa Monica?*

Quel volumetto è nato dal suggerimento di un innamorato di Agostino quale fu il Papa Montini.

Così il mio peccato di omissione e il suggerimento che mi è venuto leggendo l'operetta Mia madre*, sono stati la matrice del presente lavoro.*

Mi sento però di avanzare una riserva, che giudico doverosa: È molto difficile conoscere se stessi, figuriamoci gli altri. L'uomo è un mistero. Agostino nelle Confessioni *lo chiama profondità abissale. Posto questo principio mi chiedo: un uomo può scrivere la vita di una donna? Rispondo che può, ma con qualche limitazione. L'uomo e la donna hanno mentalità, modi di sentire, sensibilità diversi; scrivere l'uno dell'altra sarà sempre impresa ardua.*

Nel nostro caso il compito è facilitato: i testi di cui disponiamo e che ci possono servire per una biografia di santa Monica sono quelli che ha scritto suo figlio Agostino.

Un uomo che è anche figlio può scrivere di sua madre, perché tra loro c'è stato un rapporto profondo, viscerale: la madre lo ha portato nel suo ventre per ben nove mesi, lo ha tenuto stretto al suo seno allattandolo per più di un anno; la sensibilità dell'uomo-figlio è vicina a quella di sua madre molto più di qualsiasi altra persona. Nel presente caso poi c'è una ragione in più: Monica è stata così vicina al figlio nel suo cammino di allontanamento e di ritorno alla casa del Padre da partorirlo più volte, fisicamente e spiritualmente. Agostino stesso lo riconobbe: "Ciò che narrai nei miei libri delle "Confessioni" non ricordate che lo narrai in modo da dimostrare che la mia salvezza fu concessa alle lacrime sincere che tutti i giorni mia madre versava"? (*Il dono della perseveranza* 20, 53).

A questo punto credo di dover dare conto del titolo del mio volume: santa Monica, madre forte nella sua pietà; la definizione si trova nel primo capitolo del libro VI delle Confessioni. Qui non posso spiegarne tutto il contenuto, così ricco e suggestivo che solo una penna come quella di Agostino poteva stilare; mi limito solo a riportare ciò che ha scritto un grande studioso di Agostino, su questa espressione agostiniana: "Difficilmente la figura di Monica si sarebbe potuta ritrarre con maggior verità ed efficacia in questa lapidaria espressione" (Card. Pellegrino).

Vogliamo solo annotare che la parola pietà è densa di significato religioso: è una virtù e come tale è dono di Dio, ed è anche impegno dell'uomo che la esercita. Il grado sommo della pietà è l'amore di Dio e del prossimo. Queste brevi note sono sufficienti per giustificare il sottotitolo.

Il presente lavoro si compone di due parti: nella prima parleremo della personalità di Monica, delle fonti da dove sono attinte notizie, dell'ambiente geografico dov'è vissuta, della sua famiglia e dell'educazione ricevuta, di Monica sposa, madre ed educatrice di santi.

La seconda parte è dedicata esclusivamente al rapporto di Monica con il figlio Agostino, perché la sua vita è talmente legata a quella di lui da non potersi parlare della prima se non si parla del secondo.

Vorrei qui annotare per i lettori che la vita di santa Monica, così intimamente legata a quella del figlio Agostino, è la vita di una creatura con pregi e i difetti di tutte le creature.

Santa Monica non è nata santa, ma c'è diventata, e, Dio solo sa, con quanta fatica, sacrifici, lacrime e preghiere. Tutti la possiamo imitare, basta essere aperti alla grazia di Dio e volerlo. La sua vita deve essere per tutti noi uno stimolo, perché se lei è diventata santa, anche noi, con il suo aiuto, lo potremo.

Ora è il momento dei ringraziamenti: il primo va alla Dottoressa Maria Fop che con pazienza e diligenza ha letto e corretto il testo; il secondo va ad Angela Calabrese che pur non addetta ai lavori mi ha dato la possibilità di offrire un testo semplice alla portata di tutti. E, per ultimo, all'editrice che lo ha pubblicato

Padre Remo Piccolomini
4 maggio 2005 - Festa di santa Monica

parte prima

Santa Monica ambiente e personaggio

Le fonti

Lo studio delle fonti è di assoluta importanza; senza di esse, le sorgenti, non avremmo l'acqua per la vita. La biografia di un personaggio è essenzialmente legato alle fonti, cioè alle notizie su di lui. La prima cosa da fare, per chi vuole scrivere la vita di una persona, è trovare notizie certe sulla sua vita. Per quanto riguarda Monica non dobbiamo cercare molto, perché quello che possiamo sapere di lei, ce lo racconta il figlio Agostino.

La prima fonte la troviamo nelle *Confessioni*, pubblicate verso l'anno 400, quando Agostino già da cinque anni era vescovo.

Altre notizie le ricaviamo dai *Dialoghi*.

Qualche altra informazione, ma proprio qualche altra, la troviamo in altre opere.

In foto: **Monica accompagna Agostino dal maestro**

Per noi quindi non è così difficile scrivere la vita di Monica; semmai c'è da leggere attentamente quanto ha scritto Agostino, e, soprattutto, interpretarlo correttamente.

Il libro delle *Confessioni* è la più nota delle tante opere scritte da Agostino; esso si divide in due parti: nella prima parla della propria vita dalla nascita alla conversione, alla morte di Monica. Nella conclusione, Agostino sente il dovere di erigere un vero e proprio monumento alla madre per le future generazioni: perché ad essa egli *deve tutto ciò che è.* Nella seconda parte, comprendente gli ultimi quattro libri (il "libro" corrisponde press'a poco ad un lungo "capitolo" dei nostri libri), l'autore parla del suo stato presente, cioè di quale cammino spirituale sta facendo verso Dio. I suoi amici avevano insistito per saperlo ed Agostino, sempre disponibile verso gli altri, lo fa nella parte finale dell'opera, sicuro di offrire un servizio di stimolo, affinché chi lo leggerà faccia altrettanto.

Le *Confessioni* sono un'autobiografia particolare: l'autore non narra tutto della propria vita ma solo quel che serve allo scopo per cui l'ha scritta: *la lode a Dio* per le grandi opere compiute in lui e, nello stesso tempo, invitare i suoi lettori a unire la loro voce alla sua per irrobustire il canto di lode a Dio. Ciò che non vuole proprio escludere sono le notizie su sua madre Monica:

"Tralascio molti avvenimenti per la molta fret-

ta che mi pervade [...] *Ma non tralascio i molti pensieri che partorisce la mia anima al ricordo di quella tua serva, che mi partorì con la carne a questa vita temporale e col cuore alla vita eterna" (Confessioni* IX, 8, 17*)*.

Monica gli era stata vicino, l'aveva inseguito lungo i percorsi tortuosi della vita piangendo e pregando, aveva perfino importunato persone importanti perché lo convincessero a tornare sulla retta via; per ultimo, si unì alla gioia del figlio per la pace ritrovata nella conversione al servizio totale di Cristo.

Una donna del genere meritava un ricordo vibrante, affettuoso, riverente e commosso: Agostino non poteva negarglielo. È il monumento più bello che un figlio abbia eretto alla propria madre, e che madre.

Altre notizie su Monica ci vengono date dai *Dialoghi,* libri che Agostino scrisse a Cassiciaco, nella Brianza, dove si recò, insieme ad una comitiva di amici, per prepararsi al battesimo. Sono il frutto delle discussioni tenute tra di loro sui massimi problemi della filosofia: verità, felicità, ordine. Monica, diventata la madre della piccola comunità, non solo provvedeva alle necessità quotidiane ma, poiché il figlio lo desiderava, partecipava ed interveniva anche alle discussioni (cfr. *La felicità* 2, 10). Altri documenti al di fuori di quelli di Agostino non esistono.

Padre Trapè ha raccolto e ordinato i testi di Agostino sulla madre[1]; essi ci danno un quadro completo della personalità di Monica, donna saggia, intelligente, di carattere forte, di fine sensibilità, di grande fede e pietà. Tali testi secondo padre Trapè, hanno dei pregi:

a) il primo riguarda la fedeltà alla storia. Agostino scrive le *Confessioni* davanti a Dio, chiamandolo a testimone di quanto scrive, non può dire una cosa per un'altra. Lo scopo delle *Confessioni* è la lode a Dio, e Dio si loda con la verità dei fatti. Di Monica, quindi, narra le cose belle e quelle meno belle: per esempio, il vizio infantile del vino [peraltro subito corretto] (cfr. *Confessioni* IX, 8, 18), il rinvio del battesimo che il figlio nella grave malattia aveva invocato *(*cfr. *Confessioni I, 11, 17)* l'essersi interessata più della carriera del figlio che della sua esuberanza sessuale da incanalare all'interno di un legame matrimoniale (cfr. *Confessioni* II, 3, 8);

b) il secondo pregio consiste nel ricordo che egli ha di sua madre, un ricordo vivo, riconoscente e devoto. Lo troviamo espresso chiaramente nel libro *La felicità,* dove Agostino scrive, commosso: "*C'era con noi mia madre, ai cui meriti spetta, come credo, tutto ciò che ho, tutto ciò*

---

[1] SANT'AGOSTINO, *Mia madre,* a cura di A.Trapè, P. B. A., Città Nuova Editrice, Roma 1983

che sto vivendo" (*La felicità* 1, 6).

Per sapere esattamente ciò che le doveva dovremmo leggere tutte le *Confessioni*, o meglio, tutte le sue opere; le doveva la straordinaria intelligenza, una fine sensibilità, un carattere forte che non conosceva le mezze misure, l'ardore di ricerca della verità e della sapienza, l'amore per Gesù, l'educazione cristiana, la conversione. Come abbiamo già citati: "*Ciò che narrai nei libri delle "Confessioni", non ricordate che le narrai in modo da dimostrare che la mia salvezza fu concessa alle lacrime sincere che tutti i giorni mia madre versava"?* (*Il dono della perseveranza* 20, 53);

c) c'è un terzo pregio: lo stile come Agostino ha scritto parlando della madre. Quando leggo quelle pagine provo timore, anzi paura, nello scrivere io la vita di Monica: tra me ed Agostino c'è un abisso; la differenza è quella che passa tra una "formicola con le ali e un condor" (il paragone è di Giovanni Papini)[2]. Agostino è inimitabile; basterebbe trascrivere i testi e, qua e là, introdurre qualche parola per chiarire e basta.

Agostino se la riderà dal Paradiso, nel vedermi

---

[2] Cfr. SANT'AGOSTINO, *Mia madre cit. pp. 7 – 10.;* G.PAPINI, *Sant'Agostino,* Aldo Martello Editore, Milano 1970, p. XV.

scrivere su sua madre, allora considerando la sua ricca ed affascinante umanità, quella risata non sarà per mettermi in ridicolo ma per sollecitarmi a farlo lo stesso, perché il popolo di Dio si unisca a lui, a sua madre, e a tutti noi, per lodare Dio nei suoi servi fedeli.

L’ambiente

L’Africa al tempo di Monica

La Numidia Proconsolare al tempo di Monica era costituita dall’attuale Tunisia e parte dell’Algeria, nella fascia costiera, si affacciava sul Mediterraneo e si estendeva, nell’immediato entroterra, fino al Sahara.

In questo territorio si trovavano le città che c’interessano per ricostruire la vita di Monica e di Agostino, cioè Utica, Ippo Regia, Calama, Cartagine e, verso l’interno, Tagaste e Madaura.

La Numidia allora era abitata da popolazioni berbere, ad esse seguì l’insediamento delle popolazioni puniche o fenicie che nel tempo si fusero insieme e diedero vita ad una popolazione forte e ardente, l’africana; a questa appartennero Monica, il marito Patrizio, Agostino.

Roma si sostituì all’impero dei Fenici nella seconda guerra punica, quando i Romani, sotto il comando di Publio Cornelio Scipione, detto l’Africano, sconfisse a Zama (202 a.C.) il generale Annibale.

Cartagine venne completamente distrutta per essere poi ricostruita per intero, più splendente di prima, tanto da diventare una delle città più importanti dell’intera romanità, per monumenti e cultura: venne addirittura chiamata la “Roma d’Africa”.

Al tempo di Monica la lingua ufficiale della

popolazione dell'Africa settentrionale era il latino. Tutti lo parlavano.

Occorre però notare che, insieme al latino della burocrazia, della scuola e degli scrittori, esisteva anche il latino parlato dal popolo, frammisto a qualche parola punica. Proprio come oggi: c'è l'italiano ufficiale e l'italiano che si esprime nei dialetti. Il punico però rimase la lingua delle tribù dell'entroterra. Per comunicare con loro tuttavia bisognava ricorrere all'interprete; Agostino se ne servì più di qualche volta durante il suo ministero episcopale (cfr. *Lettera 66, 2)*.

Con l'avvento del Cristianesimo, l'Africa romana di lingua latina diventò un centro culturale di grande importanza, sia per la Chiesa che per il mondo laico.

Scrittori come Cipriano, Arnobio, Tertulliano, Apuleio, Agostino stesso erano, oltre che cristiani, anche cittadini romani a tutti gli effetti.

Tali scrittori s'inserirono nel mezzo della cultura latina, ne accolsero i grandi suggerimenti (l'universalità della lingua e delle leggi, ecc.) e dialogarono con essa, cioè questi autori seppero coniugare insieme la religione e la cultura del tempo, rivelandosi così uomini intelligenti ed estremamente moderni.

Della cultura latina respingevano il culto idolatrico e quanto girava intorno ad esso: pluralità delle divinità, il culto dell'imperatore, il teatro che

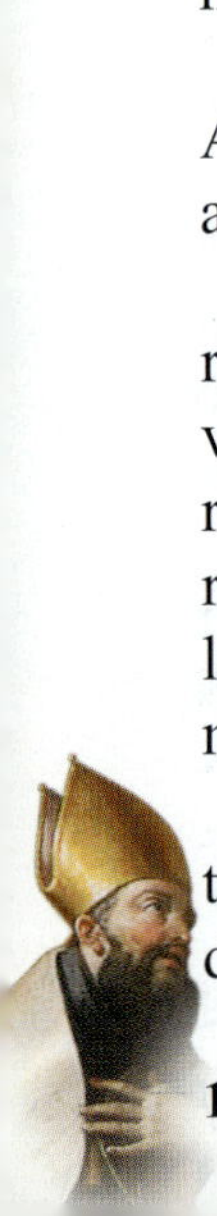

Se sapessi fino a
qual punto ti amo:
ti getteresti perdutamente
nelle mie braccia.

P.G.C.

R 20

riproduceva sulla scena i vizi degli dèi e degli uomini.

Tagaste

Si dice che ogni uomo è figlio del proprio tempo e della propria terra; a questa legge naturale non facevano certo eccezione Monica ed Agostino; anch'essi lo furono: africani di sangue, romani di cultura.

Legati alla loro patria, ma lontani, sentirono forte la nostalgia della loro terra (gli africani sono più nostalgici degli altri popoli).

Monica ed Agostino, terminato il loro compito in Italia, secondo i piani della Provvidenza, si affrettarono a tornare in Africa, a Tagaste; cittadina dell'Africa settentrionale, nella Numidia orientale, situata là dove sorge Souk-Aharas.

Essa sorgeva vicino Madaura, nell'entroterra a sud della costa mediterranea, su un altopiano a 675 metri sul livello del mare, posizione incantevole per le lussureggianti vallate, fertili di vigneti, oliveti, cereali, frutta.

Da questo altopiano partono tre vallate: quella del Medjerda verso est giunge fino a Cartagine; quella che verso nord raggiunge Ippona la Reale; la terza verso sud che si estende fino ai monti dell'Aures, alle cui spalle ha inizio il Sahara.

L'Impero romano si estendeva fin qui.

Quando nell'anno 331[3] nacque Monica, Tagaste esisteva da circa trecento anni. Di essa gli scavi archeologici hanno messo in luce alcuni monumenti: il teatro, il foro, le terme, il circo. Da questi rinvenimenti si comprende perché il Consiglio del municipio ebbe il titolo di "illustrissimo"; di esso faceva parte Patrizio, sposo di Monica e papà di Agostino. La passione per il teatro e per il circo, per Agostino ed Alipio, suo amico nacque proprio nel loro paese natale.

Tagaste godeva di una posizione ideale anche per un altro motivo: era il punto di congiunzione di culture diverse (Egitto, Roma), di movimenti religiosi (Fenici e Berberi, Ebrei e Cristiani) e di scambi commerciali. Di tutto ciò si avvantaggiavano soprattutto le persone più in vista e coloro che praticavano il commercio.

La società era composta di grandi e piccoli proprietari, cui prestavano servizio i coloni e i servi, questi ultimi, integrati nella famiglia del padrone, vivevano in essa e di frequente veniva loro affidata l'educazione dei figli, come successe per Monica,

[3] La data della nascita si ricava dal testo di Agostino dov'egli parla della morte della madre. Ecco il testo: " Al nono giorno della sua malattia, nel cinquantaseiesimo anno della sua vita ,trentatreesimo della mia, quest'anima credente e pia fu liberata dal corpo" (Confessioni IX, 11, 28). Poiché Monica è morta nell'anno 387 a cinquantasei anni, la data di nascita è sicuramente l'anno 331.

educata al Cristianesimo e all'austerità dalla vecchia serva di casa.

La famiglia di Monica apparteneva alla categoria dei piccoli proprietari i quali, per uscir fuori dalla loro situazione di stallo, tentavano per i loro figli l'avventura dello studio nelle grandi città (Cartagine, Roma, Milano), così avvenne per Agostino. In altre parole, queste famiglie volevano che i loro figli uscissero fuori dalla Provincia e si affermassero nella società romana quali avvocati, professori, retori o impiegati nell'amministrazione dello Stato.

La situazione religiosa era alquanto complessa. Nei secoli passati i Fenici e i Berberi avevano introdotto nelle città dell'Africa del nord il culto alle loro terribili divinità che bisognava placare anche con sacrifici umani.

La religione giudaica s'insediò in molte città soprattutto a Cartagine, Utica, Uzzali, Ippona Regia. Il loro rigido monoteismo si scontrò più volte con il paganesimo greco-romano; lo spirito di tolleranza di Roma nei confronti dei popoli conquistati permise agli Ebrei di esprimere con sufficiente libertà la propria religione, purché rispettassero l'ordine pubblico.

Nei primi due secoli dopo Cristo, il Cristianesimo era già molto diffuso in tutta l'Africa romana. La conferma ci viene dai primi martiri Scilletani. Con Tertulliano e con Cipriano martire (siamo nei secoli II e III) il Cristianesimo aveva messo solide radici in Africa. Poco prima della nascita di Monica, Tagaste era pressoché tutta donatista[4].

I donatisti erano i fondamentalisti cristiani di allora; intolleranti, si rifiutavano di accogliere nella Chiesa chi l'aveva tradita con la consegna della Bibbia ai romani durante la persecuzione di Diocleziano (245-313, imperatore: 284-305); persecuzione che durò circa dieci anni.

La famiglia di Monica era tutta cristiana; Agostino dice che sua madre era un *membro eletto della Chiesa* (*Confessioni* IX, 9, 17)[5].

Le varie civiltà che si accavallarono nel tempo nella terra d'Africa diedero a Monica una formazione integrale: dalla civiltà punica prese la tenacia, dalla romana la tolleranza, il senso dell'onore e l'operosità, dalla cristiana, il senso profondo del mistero di Dio e della "pietà" evangelica.

---

[4] Il Donatismo prende il nome da Donato detto il Grande, vescovo di Cartagine. Egli apparteneva all'ala rigorista della Chiesa. I donatisti sostenevano che la vera Chiesa era la loro; quella cattolica era la Chiesa dei peccatori. I sacramenti, per loro, erano validi solo se amministrati da santi; per la Chiesa cattolica invece il valore dei sacramenti è dato dal loro autore, Gesù Cristo. La turbolenza donatista richiese l'intervento dello Stato. Lo scisma terminò con la Conferenza di Cartagine del 411.

[5] Per tutto i capitolo si vedano le abbondanti notizie in Giulietta Saginario, *Monica mia madre* cit. pp. 19 -48.

DE CIVI
TATE
DEI.

La famiglia di Monica

"Monica,
membro sano della chiesa"

Introduzione

La famiglia di Monica apparteneva, diremmo noi oggi alla classe borghese; non si poteva permettere lussi, però in famiglia non mancava nulla; aveva beni immobili (terreni, vigne) e servi in casa.

Sotto l'aspetto religioso era una "casa di credenti", tutti "membri vivi della Chiesa". Quindi una famiglia che viveva in seno alla comunità cristiana, partecipava con assiduità al sacrificio della Messa domenicale, all'Eucaristia e all'ascolto della Parola di Dio, impegnata nell'esercizio della carità verso i poveri. Del resto, non si può essere "membro vivo della Chiesa", se non c'è a testimonianza un vita al servizio dei poveri di Dio.

Monica apparteneva dunque ad una *casa cristiana. "Non parlerò* - ha scritto Agostino - *di qualità sue (*della madre) *ma del dono che tu facesti a lei: fosti tu a cercarla [...]. Fu la verga del tuo Cristo, la disciplina del tuo Figlio Unigenito a istruirla nel tuo timore" (Confessioni* IX, 8, 17).

In questa casa, vuol dire Agostino, si respirava l'amore con tutti, anche con i servi. Monica si por-

terà questo amore come dote anche nella casa del marito Patrizio ma per vincere il pettegolezzo che purtroppo vi regnava a causa della servitù linguacciuta. Il comportamento paziente e virtuoso, le meriterà rispetto ed ammirazione.

Monica ebbe sicuramente delle sorelle: di loro non sappiamo nulla, tranne l'espressione di Agostino che le chiama *figliole dei padroni*, cioè dei genitori (*Confessioni* IX, 9, 17). Non sappiamo però se ebbe anche fratelli.

Educazione di Monica

Apriamo il paragrafo con le parole di Agostino che ci appaiono veramente appropriate per delineare la figura di Monica. Leggiamole: "*Tu la creasti senza che neppure il padre e la madre sapessero quale figlia avrebbero avuto; e l'ammaestrò la verga del tuo Cristo, ossia la disciplina del tuo Unigenito, in una casa di credenti, membro sano della tua Chiesa*" (*Confessioni* IX, 8 17).

I figli quindi sono il dono di Dio all'uomo per mezzo dell'uomo. I figli dei cristiani, con il battesimo, sono trasformati dalla grazia di Cristo, che li fa diventare figli di Dio, suoi fratelli, membri della Chiesa e fratelli tra di loro. In altre parole Agostino non teme di affermare, in un discorso al popolo, che quando un uomo riceve il battesimo diventa cristiano, cioè si trasforma in Cristo stesso (cfr.

Commento al Vangelo di S. Giovanni 21, 8).

Per questo motivo Monica è chiamata *membro sano della tua Chiesa.* Il dono della vita è accolto e vissuto con pienezza, con sentimenti di gratitudine dalla famiglia e da Monica stessa. Alla scuola della famiglia, con l'aiuto delle premure e l'affetto, seppur servile di un'anziana domestica, il carattere di Monica si modellò, sviluppò e consolidò.

L'efficacia di questa educazione risulta dal fatto che la severità, se vuole ottenere risultati apprezzabili, deve essere temperata dall'amore.

L'anziana serva era in casa da tanti anni, infatti aveva tenuto in braccio perfino il padre di Monica, era diventata una di casa, amata e stimata da tutti senza eccezioni.

La serietà, la diligenza, l'amore per lo svolgimento dei propri compiti le aveva guadagnato non poco rispetto da parte dei padroni in quella casa cristiana (*Confessioni* IX, 8, 17). Quindi le fu affidata l'educazione delle *figliuole dei padroni*, cui attendeva con rigore nel punire e piena di buon senso nell'ammaestrare.

Monica venne educata alla sobrietà, alla mortificazione fino al punto di non poter bere o mangiare fuori dei pasti, e alla modestia. Il principio guida era quello di "*rendere meno gradevole ciò che non era onorevole*". Noi sappiamo che le cose proibite sono quelle che più siamo tentati di fare; se non dobbiamo assumere un cibo che ci fa male, è allo-

ra che ci viene la voglia di mangiarne. Non è buono mangiarne, non è onorevole perché fa male alla salute, quindi non può essere gradevole.

La tentazione del vino

Ci sono stati studiosi di Agostino, meritevoli sotto tanti aspetti, che tuttavia hanno messo in dubbio la veridicità delle *Confessioni;* per costoro, Agostino avrebbe alterato i fatti che narra. I testi che riguardano Monica avrebbero avuto la stessa sorte. Ma ciò non è vero: non lo è perché Agostino fu un innamorato della verità; non lo è perché ha narrato giurando davanti a Dio, quando lo ha chiamato in causa dicendo di narrare *davanti a Lui (coram te);* non lo è perché schietto e umile; non si vergogna minimamente di confessare i propri errori e, perché no?, anche quelli di sua madre.

Ma prendiamo il brano di Agostino e leggiamo quanto ci dice: "*Tuttavia si era insinuato in mia madre, secondo che a me, suo figlio, la tua serva raccontava, si era insinuato il gusto del vino.*

Quando i genitori, che la credevano una fanciulla sobria, la mandavano ad attingere il vino secondo l'usanza, essa, affondato il boccale dall'apertura superiore della tina, prima di versare il liquido puro nel fiaschetto, ne sorbiva un poco a fior di labbra.

Di più non riusciva senza provarne disgusto, poiché non vi era spinta minimamente dalla golo-

sità del vino, bensì da una smania indefinibile, propria dell'età esuberante, che esplode in qualche marachella e che solo la mano pesante degli anziani reprime di solito negli animi dei fanciulli.

Così, aggiungendo ogni giorno un piccolo sorso al primo, come è vero che a trascurare le piccole cose si finisce col cadere, sprofondò in quel vezzo al punto che ormai tracannava avidamente coppette quasi colme di vino puro [...]. L'ancella che accompagnava abitualmente mia madre alla tina, durante un litigio, come avviene, a tu per tu con la piccola padrona, le rinfacciò il suo vizio, chiamandola con l'epiteto davvero offensivo di beona. Fu per la fanciulla una frustata. Riconobbe l'orrore della propria consuetudine, la riprovò sull'istante e se ne spogliò" (*Confessioni* IX, 8 18).

In effetti Monica non si poteva definire ubriacona per un bicchiere di vino, ma lo poteva diventare se l'abitudine non fosse stata subito stroncata. È interessante il commento che Agostino fa: quella giovane serva si comportò da nemica, volle offendere la giovane padrona, in questo caso però l'offesa fu salutare, produsse infatti il bene della correzione; non fanno bene invece certi amici che, adulando, non solo non correggono, ma sospingono al vizio: il medico pietoso fa la piaga puzzolente, così dice il popolo. Dio, dice il Santo, si servì del male di quella serva e procurò il bene di Monica. Cioè non siamo noi che correggiamo ma è Dio

che con la sua grazia converte.

Nella vita di Agostino ci fu anche chi, a corto di argomenti, in un'animata discussione, gli disse in faccia: "tua madre è una beona". La risposta a quell'insulto fu la commiserazione per il vescovo Giuliano: *"Tu hai osato infangare la memoria di mia madre che non ti ha fatto alcun male; sei stato vinto dal cattivo genio della maldicenza, che la Scrittura riprova. Io invece ritengo degni di onore i tuoi genitori, cristiani cattolici, e mi rallegro con loro che siano morti prima di vederti eretico"* (*Contro Giuliano, opera imperfetta* I, 68).

Monica era una giovane che apprendeva subito le lezioni della vita; le decisioni che ne seguivano erano senza tentennamenti. Era di carattere forte, di intelligenza intuitiva e di sicura fede; tutto ciò le permetteva di avere il dominio di sé e uno spiccato senso dell'onore. Aveva anche imparato a stare con se stessa, predisposta quindi alla preghiera che l'aiutò sempre nei momenti difficili della vita. L'ascolto della Parola di Dio, la frequenza all'Eucaristia, formarono, fecero crescere e resero matura la sua fede. La formazione umana e cristiana, coniugandosi insieme, ne costruirono la santità.

La casa di Monica fu una casa di santi: lei stessa, suo figlio Agostino e la figlia, la "santa" sorella, non canonizzata, ma se lo ha scritto il santo suo fratello possiamo credere che lo sia stata.

I lettori non credano che questa condizione

della famiglia Monica, come terreno della nascita e crescita della santità, sia stato un “privilegio”, toccato a Monica e a quelli della sua casa e basta.

La santità, è vero, è un dono di Dio; il dono però diventa veramente tale, se a chi viene fatto, lo riceve, l’accoglie e lo fa suo. Anche a te viene offerto in dono la santità; perché Gesù ha detto a tutti:”*Siate perfetti come è perfetto il Padre vostro che è nei cieli”*. Ma quanti sono diventati santi?

Solo coloro che, raccogliendo l’invito di Gesù, hanno impegnano la loro vita a rispondere alla chiamata del Signore.

Dio, dice Agostino, non comanda le cose impossibili, ma offrendoti la santità, ti dice di fare ciò che tu puoi fare, e chiedere con la preghiera ciò che non puoi.

Monica ha avuto una sua storia, che ha realizzato in colloquio con Dio, attraverso la preghiera assidua e impegnata, ma fatta qui, in terra, in mezzo alle vicende umane, con non pochi sacrifici; se vuoi puoi farlo, Monica ne ne dà lo stimolo, offrendosi come modello da imitare.

Monica sposa

"Giunta in età matura,
fu consegnata a un marito
che servì come un padrone".

Monica, cristiana praticante, a 23 anni, sposò Patrizio, pagano indifferente alla religione.

Qualche lettore obietterà, ma ad una donna cristianissima quale era Monica, come è potuto saltare in mente di unirsi in matrimonio con un pagano? La ragione è presto detta: prima di tutto l'amore non porta l'etichetta della religione, è una forza, una passione che prende e va diritta all'oggetto dell'amore; poi a quel tempo tale genere di matrimonio era frequente. Le città dell'Africa romana del III e IV secolo dopo Cristo erano a maggioranza cristiana; i pagani erano rimasti in pochi e, per di più, l'odio dei secoli passati, si era molto attenuato, anzi, possiamo dire spento. I pagani, quindi erano molto tolleranti nei confronti del Cristianesimo.

Patrizio

Patrizio era il marito di Monica. Egli nacque a Tagaste, era concittadino di Monica, membro del Consiglio comunale, uomo appartenente alla Provincia proconsolare di Roma. Agostino ha scritto di lui che proveniva da una famiglia "povera"; va

precisato però che allora "povero", non aveva lo stesso significato di nullatenente che gli diamo oggi. A quel tempo era considerato povero anche il piccolo proprietario che possedeva una casa, un po' di terra, una vigna. Il povero non era abbastanza ricco da potersi permettere certi lussi, ma nemmeno tanto povero da patire la fare. La *famiglia povera* apparteneva alla classe media.

Monica e Patrizio erano completamente diversi per intelligenza, carattere, sensibilità e religione, ma avevano in comune la forza dell'amore. Patrizio era singolarmente affettuoso con Monica, anche se era iroso e la tradiva con altre donne. La pazienza e la tolleranza di Monica prevalsero sul marito fino a convertirlo al Cristianesimo.

Qualcuno ha sollevato il problema della differenza di età, come se Patrizio fosse molto più grande di Monica; non lo sappiamo, porre il problema è andare appresso alle favole. La grande differenza invece era quella religiosa. Il paganesimo non era ancora scomparso del tutto; anzi in certe città, come Cartagine, era abbastanza vivo e si esprimeva nel culto, nei teatri, dove venivano rappresentate le oscene intemperanze delle divinità pagane.

Comunque l'influsso del pensiero cristiano si faceva sentire con tutto il fervore della novità, tanto da generare simpatia negli intellettuali pagani[6].

---

[6] VAN DEER MEER, *Sant'Agostino pastore d'anime, tr. It. Ed. Paoline, Roma 1971, pp. 95ss*

Monica sposa

Agostino si compiace nel dirci che sua madre *fu allevata nella modestia e nella sobrietà*, come se ci volesse informare che la madre, con l'educazione ricevuta, era preparata alle responsabilità di una famiglia sua. Riportiamo il testo di Agostino, sintesi mirabile con la quale ha voluto descriverne le virtù nella vita matrimoniale: "*Giunta in età matura per le nozze, fu consegnata a un marito, che servì come un padrone. Si adoperò per guadagnarlo a te, parlandogli di te attraverso le virtù di cui la facevi bella e con cui le meritavi il suo affetto rispettoso e ammirato. Tollerò gli oltraggi al letto coniugale in modo tale, da non avere il minimo litigio per essi col marito. Aspettava la tua misericordia, che scendendo su di lui gli desse insieme alla fede la castità. Era del resto un uomo singolarmente affettuoso, ma altrettanto facile all'ira, e mia madre aveva imparato a non resistergli nei momenti di collera, non dico con atti, ma neppure a parole. Coglieva invece il momento adatto, quando lo vedeva ormai rabbonito e calmo, per rendergli conto del proprio comportamento, se per caso si era turbato piuttosto a sproposito. Molte altre signore, pur sposate a uomini più miti del suo, portavano segni di percosse che ne sfiguravano addirittura l'aspetto, e nelle conversazioni tra amiche deploravano il comportamento dei mariti. Essa deplorava invece la loro*

lingua, ammonendole seriamente con quella che sembrava una facezia: dal momento, diceva, che avevano ascoltato le lettura del contratto matrimoniale, avrebbero dovuto considerarlo come la sanzione della propria servitù; il ricordo di tale condizione rendeva dunque inopportuna ogni alterigia nei confronti di chi era un padrone" (*Confessioni* IX, 9, 19).

In altre parole, Monica voleva dir loro: quando avete sposato, voi avete firmato un contratto con il vostro uomo. Voi sapevate dello stato di soggezione in cui la società di allora vi considerava; le leggi infatti erano favorevoli agli uomini. Se sapevate tutto questo non vi sarebbe servita l'alterigia, l'orgoglio, le alzate di testa, se non a farvi mettere addosso le mani dai vostri mariti.

Ma continuiamo a leggere il testo di Agostino: *"Le amiche, non ignare di quanto fosse furioso il marito che (*Monica) *sopportava, stupivano del fatto che mai si fosse udito o rilevato alcun indizio di percosse inflitte da Patrizio alla moglie, né di liti, che in casa li avessero divisi anche per un giorno solo. Richiesta da loro in confidenza di una spiegazione, illustrava il suo metodo, che ho riferito sopra; e chi l'applicava, dopo l'esperienza gliene era grata; chi non l'applicava, sotto il giogo era tormentata"* (*Confessioni* IX, 9, 19).

Il testo sintetizza le virtù di Monica sposa: la tolleranza nei confronti dell'infedeltà del maritò, la pazienza nel sopportarne gli scatti d'ira, la tempestività del suo intervento perché il marito si correggesse dei propri errori; il metodo per vivere in pace in casa: tenere a freno la lingua e usarla a tempo opportuno. Queste ed altre virtù meritarono a Monica rispetto, stima, simpatia. Agostino nel parlare del rapporto fra i genitori, dice che sua madre servì il marito come un "padrone". Il significato di questa parola non è quello di dominio di Patrizio e di soggezione di Monica, ma "padrone" nel senso di "signore"; titolo di rispetto. Patrizio era membro del Consiglio municipale, rispettato; era così orgoglioso della propria famiglia da non farle mancare nulla. Il figlio Agostino elogiò il padre per i sacrifici fatti oltre le possibilità reali per farlo studiare fuori della sua città, a Madaura e a Cartagine: "*Chi non faceva allora alti elogi di un uomo, mio padre,il quale per mantenere agli studi suo figlio in una città lontana spendeva più di quanto permettesse il patrimonio familiare*"[7]?

I due, Patrizio e Monica, avevano una cosa in comune che li univa profondamente: l'amore. Qui sta la motivazione dell'esercizio delle virtù di

[7] *Confessioni* II, 3, 5. Non è assolutamente vero quanto afferma P. Brown che Agostino ignorò completamente suo padre (cfr. P. BROWN, *Agostino d'Ippona,* tr. It. Einaidi, Torino 1971, p. 16); il testo delle *Confessioni* lo smentisce.

Monica che conquistarono l'affetto e la stima del marito, il quale non la sfiorò mai con un dito. È tanto vero quanto abbiamo scritto, che Patrizio non dubitò minimamente di affidare alla moglie la gestione della casa e l'educazione dei figli.

L'esempio di Monica fu così efficace da convertire il marito, come abbiamo già detto, alla fede cristiana[8].

---

[8] Non possiamo fare a meno di citare il nome di qualche studioso, disattento nel giudicare "oppressivo" il comportamento di Monica nei confronti del marito. G. Lettieri lo ritiene "petulante e ossessivo" (cfr *Agostino d'Ippona,* ed. Famiglia Cristiana, n. 39, 20 settembre 2004); alla stessa maniera la pensa Schwars che dice Patrizio "succube" della maglie (cfr. *Cosa ha detto veramente Agostino,* Ubaldini Editore, 1971, p.9); un altro eccellente autore P. Brown, ha scritto che "Monica dominava Patrizio" (cfr *Agostino d'Ippona* cit., p.16). Nei testi di Agostino non ci sono parole o epressioni che inducono a leggere in questa maniera il comportamento di Monica nei confronti di Patrizio; sono solo malevole letture. Sul modo di intendere i testi di Agostino e la lettura che ne fanno gli autori di cui sopra, vedi la studio attento, puntuale e sereno di G. Saginario nel suo saggio *Monnica mia madre.* L'autrice respinge le letture distorte perché non le ritiene in sintonia né col gli scritti né con le intenzioni di Agostino, e ne dà una sua lettura, avvalorandola con testimonianze agostiniane (*Monnica mia madre* cit. pp. 264 – 298).

La lettura disattenta delle opere di Agostino, che fosse Monica ossessiva, petulante, oppressiva nei confronti del marito: sono false conclusioni, non rispondono ai testi agostiniani. La legge dell'amore è legge travolgente e creativa, che rinnova e fa crescere, non opprime:

"Quando uno ama, le fatiche non sono in alcun modo pesanti o, se si fatica, questa stessa fatica è amata" (*La dignità dello stato vedovile* 21, 26). E ancora: *Dammi un innamorato e capirà ciò che dico* (*Commento al Vangelo di S. Giovanni* 36, 4).

Monica è stata una cristiana integrale; non aveva studiato sui libri ma vissuto la semplicità sconvolgente del Vangelo; dal Vangelo apprese che il valore della persona umana è primario, perché ogni uomo o donna, che lo voglia o no, porta impressa nell'anima l'immagine di Dio, perché sapeva che Dio si era incarnato assumendo la condizione umana, elevando così l'uomo alle altezze vertiginose del cielo.

Lo stile di vita di Monica non poteva non piacere a Patrizio, e dalle scappatelle extraconiugali non si deve dedurre che l'amore tra i due si fosse raffreddato, ma solo che era un residuo del paganesimo, molto permissivo per gli uomini e poco rispettoso verso le donne. Patrizio abbandonerà il paganesimo e si convertirà alla fede di Monica e, diventato nuova creatura, capirà che l'amore terreno non è altro che il riflesso dell'amore di Dio. Allora:

“*Ama e fa ciò che vuoi*” *(Commento alla prima lettera di S.Giovanni* 7, 7. 8). Se ami davvero, cioè se vivi l’amore di Dio, ciò che amerai non può essere che bene.

Nuora e suocera

La famiglia di Patrizio non era serena; in essa Monica ebbe sin dall’inizio una brutta esperienza. Le chiacchiere sono sempre causa di discordie. Entrata in casa di Patrizio, si trovò in mezzo ad un vespaio di maldicenze e pettegolezzi. Forse la giovane nuora poteva dar fastidio a qualche giovane serva che già era in casa a cui interessava seminare discordie per non perdere la propria posizione di privilegio nei confronti della mamma di Patrizio. Così suocera e nuora dalle chiacchiere delle domestiche, vennero messe l’una contro l’altra.

Oggettivamente vivere in tale clima di sospetto non solo non è bello, ma crea ansie, disagi; insomma l’aria diventa irrespirabile.

Monica, educata alla pazienza, all’amore, alla prudenza, cercò, nel rapporto con la suocera, di relazionarsi con lei con rispetto. Questo atteggiamento mutò i sentimenti della suocera non più di opposizione nei confronti della nuora, ma di stima e di amabile convivenza.

Noi sappiamo che i rapporti suocera e nuora sono, quasi sempre, viziati da gelosia reciproca per il medesimo uomo, figlio per la suocera, marito per la nuora. Se non c'è virtù nelle due donne contendenti, come lo spirito di sopportazione, la prudenza, la pazienza, sarà sempre lotta continua.

Alle due donne sta il compito di cambiare, di capire le esigenze reciproche, nel rispetto dei due ruoli, nei confronti dell'unico uomo. Là dove si realizza, si vive in pace.

Leggiamo, anche su questo argomento, quanto ha scritto Agostino: *"La suocera sulle prime l'avversava per le insinuazioni di ancelle maligne. Ma conquistò anch'essa col rispetto e la perseveranza nella pazienza e nella dolcezza, cosicché la suocera stessa denunziò al figlio le lingue delle fantesche, che mettevano male fra lei e la nuora turbando la pace domestica, e ne chiese il castigo. Il figlio, sia per ubbidienza alla madre, sia per la tutela dell'ordine domestico, sia per la difesa della concordia fra parenti punì con le verghe le colpevoli denunziate quanto piacque alla denunziante; quest'ultima promise uguale ricompensa a qualunque altra le avesse parlato male della nuora per accaparrarsi il suo favore. Nessuna osò più farlo e le due donne vissero in una dolce amorevolezza degna di essere menzionata"* (*Confessioni* IX, 9, 20).

L'uso della *ferula* (=bacchetta flessibile) allora era uno strumento di correzione comune: la usavano i maestri a scuola, i mariti in casa, i genitori per

i figli e i padroni per le schiave e schiavi. Era lo strumento di punizione più in voga in quel tipo di società; nessuno se ne scandalizzava e tutti lo sapevano. Noi moderni dobbiamo tenerlo presente se vogliamo leggere correttamente i testi nei quali si parla di questo metodo di correzione.

Monica e la pace

La pace è un grande dono di Dio. La pace è come la felicità: tutti la vogliono, come tutti vogliono la pace. Il desiderio della pace, dice Agostino, ce lo portiamo dentro dalla nascita. Eppure tutti sappiamo quanto sia difficile costruire la pace e vivere in pace; lo sappiamo per esperienza che il mondo non è in pace, e non è in pace perché l'uomo dentro di sé non lo è.

La pace, c'insegna il Vangelo, deve essere realizzata, prima di tutto, dentro se stessi; è dal cuore umano che nascono gli slanci sublimi di bene, ma anche il precipizio delle bassezze più miserande, che solo l'uomo compie.

Monica fu donna di pace perché la pace l'aveva già realizzata dentro di sé, Dio solo sa con quanti sforzi.

Ce lo ha scritto il figlio: "*A così devota tua serva, nel cui seno mi creasti, Dio mio, misericordia mia, avevi fatto un altro grande dono. Tra due anime di ogni condizione, che fossero in urto e discordia, ella, se appena poteva, cercava di mettere pace. Delle molte invettive che udiva dall'una contro l'altra, quali di solito vomita l'inimicizia turgida e indigesta, allorché l'odio mal digerito si effonde negli acidi colloqui con un'amica presente sul conto di un'amica assente, non riferiva all'interessata se non quanto poteva servire a riconciliarle".*

Agostino, con dolore, ci dice nel brano che segue: "*purtroppo tante sono le persone che riferiscono ai nemici adirati le parole dei nemici adirati,* e, quel che è peggio, *aggiungono anche parole che non furono pronunciate. Così la catena dell'odio non si rompe mai, e le guerre continuano. Mia madre, istruita da te, il maestro interiore, nella scuola del cuore"* (*Confessioni* IX, 9, 21) diffondeva intorno a sé la pace, perché era donna di pace.

Monica serva di tutti

Prima di tutto l'esempio delle virtù di Monica portarono subito i suoi frutti: "*Finalmente ti guadagnò anche il marito*"; non solo, ma *era, la serva dei tuoi servi. Chiunque di loro la conosceva, trovava in lei motivo per lodarti, onorarti e amarti grandemente, avvertendo la tua presenza nel suo cuore dalla testimonianza dei frutti di una condotta santa"*[9].

[9] *Confessioni* IX, 9, 22. Cfr. G. Saginario, *Monnica mia madre cit.* pp. 68 - 85.

Monica madre

"Madre forte nelle pietà"

Abbiamo già parlato delle fonti da cui abbiamo attinto le notizie su Monica, sull'ambiente nel quale è nata e vissuta, sulla sua personalità e cioè sull'educazione cristiana ricevuta in casa, sulla sua famiglia e lei sposa. Ne abbiamo anche messi in luce i doni naturali d'intelligenza, il forte carattere e la squisita sensibilità; a questi dobbiamo aggiungere i doni di grazia: l'esercizio delle virtù cristiane, lo spirito di preghiera, il grande spirito di sacrificio e di penitenza, l'appassionato amore per Gesù, che trasmise nel cuore dei figli, e per la Chiesa.

In questo capitolo parleremo di Monica madre dei suoi figli, del rapporto con la giovane che Agostino teneva con sé, di Monica come moglie e del rapporto col nipotino Adeodato. Non parleremo qui del rapporto con Agostino: che sarà oggetto di tutta la seconda parte. I lettori si chiederanno perché questo privilegio. La ragione è che le fonti della vita di Monica sono tutte, dico tutte, nelle opere del figlio Agostino: non ne esistono altre; e Agostino ha affermato senza titubanze che alla madre egli deve "*tutto ciò che è*" (*La felicità* 1, 6) ad essa attribuisce anche la propria conversione:

"La narrai nei libri delle Confessioni *[...]. La*

mia salvezza fu concessa alle lacrime che tutti i giorni mia madre versava" (Il dono della perseveranza 20, 53).

La vita di Monica è strettamente legata a quella di Agostino, lo si coglie sia quando questi parla espressamente di lei, sia quando non ne parla perché anche in questo caso, ella è sempre presente al suo fianco: quando questi è lontano, con lo spirito, quando è vicino anche con il corpo. In ogni caso le preghiere e le lacrime, come dice il Salmo, erano *il suo pane di giorno e di notte.*

Navigio

Monica ebbe sicuramente tre figli: Agostino, Navigio ed una figlia di cui non conosciamo il nome. Agostino sembra essere stato il primogenito. Monica lo generò all'età di 23 anni, il 13 novembre del 354. Di Navigio abbiamo solo le poche notizie che ci fornisce il fratello Agostino.

Lo troviamo presente, insieme alla madre, a Milano, a Cassiciaco nella piccola comunità, costituita da parenti ed amici e animata da Agostino, che aveva raggiunto quel luogo, nella villa dell'amico Verecondo, per prepararsi nel silenzio al battesimo.

I Dialoghi, che Agostino scrisse discutendo con loro sui massimi problemi della filosofia, ne sono documento sicuro. Troviamo poi Navigio nel viaggio di ritorno della comitiva agostiniana in Africa; durante la sosta ad Ostia Tiberina la madre Monica si ammalò e dopo qualche giorno, presa da forti febbri, morì a 56 anni; correva l'anno 387.

Agostino parla del fratello poco prima della morte della madre la quale, sentendo prossima la fine, disse a tutti: "*Seppellirete qui* (il mio corpo)".

Poi, proseguendo, Agostino continua: "*Io rimasi muto, fermando le lacrime; mio fratello invece pronunziò qualche parola, esprimendo che la morte non la cogliesse in terra straniera, ma in patria*". E Monica, quasi in forma di rimprovero, rispose. "*Seppellirete questo mio corpo dove che sia, senza darvene pena. Di una cosa vi prego: ricordatevi di me, dovunque siete, innanzi all'altare del Signore*" (*Confessioni* IX 11, 27).

Navigio è ricordato ancora nel dialogo *La controversia accademica*, in un intervento sul tema della felicità (cfr. *La controversia accademica* I, 2, 5), infine nel dialogo *La felicità,* nel giorno del compleanno di Agostino (cfr. *La felicità* 1, 6).

Possidio, primo biografo di Agostino, c'informa che Navigio aveva delle figlie, non dice quante, che vivevano nel monastero retto dalla santa zia; questo ci fa pensare che vivessero la consacrazione religiosa insieme a lei. Di più non conosciamo; c'è però da supporre che Monica abbia dato anche a lui l'educazione impartita agli altri figli e che Navigio la visse con impegno tutto cristiano.

La figlia senza nome

Agostino ci ha lasciato notizie su di lei, ma purtroppo non ci ha lasciato il nome. Secondo una tradizione si sarebbe chiamata Perpetua, in onore della martire cartaginese del III secolo; è una tradizione senza fondamento storico, ma per noi questa donna rimane senza nome (cfr. Sant'Agostino, *Mia madre cit.*, p. 8).

Non sappiamo con certezza se avesse dei figli, sappiamo però che si era sposata e che morto il marito, si era consacrata a Dio nel monastero che suo fratello Agostino aveva fondato ad Ippona con l'ufficio di Superiora; monastero molto amato da Agostino dove si rifugiava nei momenti di pausa per ristorarsi fisicamente e spiritualmente dagli affanni dell'amministrazione della diocesi a lui affidata.

Dopo la morte della sua santa sorella, vi scoppiò una ribellione contro la nuova superiora. Agostino scrisse così a quella comunità: "*Comportatevi tra di voi in modo che non sorgano tra voi aspri risentimenti, e, caso mai sorgessero, stroncateli sul nascere, ristabilendo immediatamente la mutua concordia. Mettete maggiormente impegno nell'andare d'accordo che nel rimproverarvi, poiché allo stesso modo che l'aceto guasta il recipiente in cui è lasciato a lungo, così l'ira guasta il cuore fino al giorno seguente*" (*Lettera* 210, 2).

Poiché questa lettera non sortì l'effetto sperato;

ne scrisse un'altra, la Lettera 211, nella quale il santo vescovo espresse tutto il proprio dolore per l'accaduto, esortando tutte alla concordia. Ecco il commovente testo di Agostino, di cui possiamo godere anche noi: *"Come dunque scrive l'Apostolo ai fedeli di Corinto: Chiamo Dio a testimonio della mia vita che non sono più venuto a Corinto per avere riguardi per voi.*

Non è vero che vogliamo far da padroni sulla vostra fede; noi al contrario siamo i cooperatori della vostra gioia, *così anch'io vi dico che non sono venuto tra voi per avere riguardo per voi.*

Io però ho avuto riguardo anche verso me stesso affinché non avessi tristezza su tristezza; invece di mostrarvi il mio volto, ho preferito sfogarmi con Dio per voi e trattare la questione, assai pericolosa per voi, non già a parole con voi, ma con le lacrime davanti a Dio, perché non voglia cambiare in tristezza la gioia che sono solito godere di voi e trovare talvolta consolazione tra tanti scandali, di cui è pieno questo mondo, pensando alla vostra numerosa comunità, al vostro casto affetto, alla vostra santa vita, alla speciale grazia largitavi da Dio non solo di rinunciare alle nozze terrene, ma di preferire di abitare perfettamente concordi nella comunità della casa di Dio, per essere tutte un cuor solo e un'anima sola tesa verso Dio" (Lettera 211, 2).

Queste parole di Agostino ci fanno capire come la sorella, che considerava una santa, era il suo angelo consolatore. Ci fanno inoltre capire come fosse profondamente unita al fratello da condividerne l'ideale monastico e lo zelo per la sua diffusione. Agostino era innamorato della vita monastica e faceva quanto era nelle sue possibilità, per attrarre ad essa più persone possibili.

Lo scrive all'amico Ilario: "*Io, che ti scrivo queste cose, ho amato ardentemente la perfezione, di cui parla il Signore, quando disse al giovane ricco: Va, vendi tutto quello che hai, dà il ricavato ai poveri ed avrai un tesoro nel cielo; poi vieni e séguimi; e l'ho fatto non con le mie forze, ma con l'aiuto della sua grazia [...]. Con tutte le forze possibili esorto gli altri ad abbracciare lo stesso ideale religioso*" (*Lettera* 157, 4, 39).

Cosa dobbiamo pensare?

Questa donna non è nell'elenco ufficiale dei santi della Chiesa, ma siamo convinti che santa lo fu, ce lo lascia intendere il fratello Agostino che di santità se ne intendeva. Egli stesso la chiama santa.

Del resto, alla scuola di quel grand'uomo che era Agostino, dietro l'esempio di una madre come Monica, non si poteva non diventare santi.

Non diciamo una bugia quando affermiamo che la famiglia di Monica fu una famiglia di santi.

La madre di Adeodato

Chi legge i testi delle *Confessioni* che riguardano la compagna di Agostino non può non provare ammirazione e, nello stesso tempo, commozione. Questa giovane ragazza ebbe il coraggio di stare vicino ad uno studente senza mezzi per mantenere la piccola famiglia, poi, una volta laureato, sempre fuori casa, vederlo salire sempre di più la scala sociale, con intellettuali pari a lui, mentre lei era una donna semplice, senza cultura.

Il tutto era rischioso, la sua situazione traballante ed insicura.

Eppure questa ragazza si è unita ad Agostino, gli ha dato un figlio (Adeodato), ed è riuscita con la forza dell'amore a incanalare l'esuberanza passionale del suo uomo in ambito della fedeltà. Innamorati, sono stati insieme nell'assoluta fedeltà per ben quattordici anni.

"In quegli anni – così scrive Agostino – *tenevo con me una donna, non posseduta in nozze, come si dicono, legittime, ma scovata nel vagabondare della mia passione dissennata; una sola, comunque, e a cui prestavo per di più la fedeltà di un marito"* (*Confessioni* IV, 2,2).

Agostino ha scritto poco di lei, non lasciandoci nemmeno il nome, forse per non sciuparne il dolcissimo ricordo; però ci ha lasciato di lei, quel tanto che ci serve a ricostruire la sua statura morale e spirituale, alla quale crescita spirituale, certa-

mente contribuì non poco Monica, che l'aveva accolta in casa; ce lo lascia intendere il fatto che, avuta coscienza di non poter più regolarizzare il suo legame con Agostino, per le mutate condizioni sociali, si mise da parte, lasciandolo libero ed affidando il figlio Adeodato alle cure di suo padre e della nonna, Monica, ritornò in Africa e si consacrò a Dio.

Il resto di questa vicenda lo leggerete nella seconda parte; ora vi basti sapere che né Agostino né Monica si diedero da fare perché lei ritornasse in Africa, ma circostanze esterne, nel nostro caso le leggi dello Stato, che vietavano il matrimonio tra due persone di differenti classi sociali, obbligarono i due a non poter legalizzare la loro posizione.

È presumibile pensare che la vicinanza di Monica le sia stata di grande giovamento: la sua saggezza, la sua esperienza, la sua sensibilità religiosa e anche il bene che le voleva, essendo la madre del nipote, Adeodato, aiutarono la giovane a crescere come donna e come madre.

Del resto la giovane cartaginese aveva già dato prova di matura sensibilità nell'essere rimasta al fianco di Agostino, sempre in giro, senza che il loro rapporto avesse subito incrinature. Monica non solo l'accettò in casa, ma l'aiutò con le parole e con l'esempio da renderla matura per le grandi decisioni, come quella di lasciare Agostino e il figlio Adeodato e facendo il proposito di non conoscere altri uomini e di consacrarsi a Dio.

Adeodato

Nacque a Cartagine nell'anno 372; il padre era ancora studente. La sua vita fu breve. Visse a Cartagine poi a Tagaste e, insieme alla madre e alla nonna, seguì il padre nel suo girovagare di città in città fino a Milano. Cassiciaco, luogo del silenzio e della pace, fu scelto per la preparazione al battesimo, con la preghiera, con le discussioni animate sui grandi temi filosofici. Agostino, il figlio Adeodato e Alipio furono battezzati nella notte tra il 24 e il 25 aprile dell'anno 387. Agostino rievoca la presenza del figlio tra i componenti della piccola comunità: "*mio figlio era con noi, il più giovane di tutti, ma del quale, se non sbaglio per amore, si annunzia un grande ingegno*" (*La felicità* 1, 6, tr. Balido).

Adeodato partecipò realmente ai dialoghi che i componenti della piccola comunità svolgevano sulle maggiori problematiche; una volta, interpellato su *Chi possiede Dio*, diede la sua risposta, peraltro molto apprezzata.

Quando gli chiesero: "*Chi è che possiede Dio*", rispose: *Chi ha il cuore puro*". Ne furono tutti entusiasti della sua risposta. Agostino scrisse così: "*Mia madre, con convinzione, approvò tutte le opinioni, ma massimamente quest'ultima (*quella di Adeodato*). Navigio taceva. Avendogli chiesto la sua opinione, rispose che a lui piaceva l'ultima*" (*La felicità* 2, 12).

Ragazzo di straordinaria intelligenza, suscitò

meraviglia, anzi paura nel padre: "*Era appena quindicenne e superava per intelligenza molti importanti e dotti personaggi [...].*

Ti riconosco i tuoi doni. In uno dei miei libri, intitolato "Il maestro", mio figlio appunto conversava con me. Tu sai che tutti pensieri introdotti in quel libro dalla persona del mio interlocutore sono suoi, di quando aveva sedici anni.

La sua intelligenza m'ispirava un sacro terrore; chi al di fuori di te poteva essere l'artefice di tali meraviglie? Presto hai sottratto la sua vita alla terra, e il mio ricordo di lui tanto più franco, in quanto non ho più nulla da temere per la sua fanciullezza. Ce lo associammo, dunque, come nostro coetaneo nella tua grazia, da educare nella tua disciplina" (*Confessioni* IX, 6, 14).

Il testo ci lascia intendere l'efficacia dell'azione educativa dei genitori e quella non meno incisiva della nonna Monica.

Grande educatrice, Monica; con l'esempio aveva allevato e condotto i suoi figli alle altezze della santità; da questa educazione non fu certo escluso Adeodato; del resto la risposta alla domanda su *Chi possiede Dio: Lo possiede chi ha il cuore puro*, richiama la beatitudine del Vangelo: "Beati i puri di cuore perché vedranno Dio". Con le eccelse doti naturali di intelligenza e la straordinarietà di tali educatori (il padre Agostino e la nonna Monica) non poteva essere diverso da come realmente era. Non abbiamo nominata la madre del ragazzo, ma è presente, e senz'altro anche lei contribuì a che il suo Adeodato crescesse nella rettitudine di mente e di cuore.

La morte a soli 16 anni gettò tutti nel più profondo dolore, mitigato dalla certezza che Adeodato fu *sottratto alla terra*, perché la sua anima non venisse contaminata dal male.

Il ruolo di Monica

Nella crescita della famigliola di Agostino il ruolo di Monica fu essenziale. Morto il marito, fu lei a sostenerla; tutto gravava sulle sue spalle.

Agostino con la scuola cercò di darsi da fare come poteva: insegnò a Tagaste, poi a Cartagine, quindi a Roma, ed in fine a Milano, dove giunse con il ruolo da primo professore dell'impero. A lui spettavano le commemorazioni ufficiali della Corte imperiale; e Agostino con tale incarico coronò le proprie ambizioni e pose termine allo stillicidio delle preoccupazioni economiche.

In foto: **Agostino apprende le arti liberali**

Conclusione

Monica, unita inseparabilmente al figlio Agostino e sempre presente in famiglia con Patrizio, con i figli, con la giovane cartaginese, con il nipote Adeodato, ci ha offerto un esempio di come si può diventare santi: santa lei, santo Agostino, santi (perché non dovrebbero esserlo?) la figlia e il figlio Navigio e Adeodato.

Fu lei, Monica, con il suo esempio e la sua parola, ad infondere i germi della fede nell'animo dei figli; e se Agostino, dal suo seno bevve, insieme al latte della madre, il nome di Gesù, lo bevvero anche gli altri fratelli. Fu Monica a custodire i figli dalle influenze negative che potevano derivare dal comportamento non troppo edificante di Patrizio. E se tutti i figli credettero in Dio, in Gesù Cristo, nella Chiesa e nella vita eterna, è dovuto all'azione efficace di Monica, premurosa verso i figli, come la Chiesa (cfr. *Confessioni* VI, 5, 7 - 8: VI, 16, 26).

Agostino ha accostato sua madre alla madre Chiesa, e non a caso. Nelle *Confessioni,* rievocando la grave malattia che l'aveva colpito da piccolo, leggiamo:

"Invocai, con slancio di cuore e tanta fede, dalla pietà di mia madre e dalla madre di tutti, la tua Chiesa, il battesimo del tuo Cristo, mio Dio e Signore (*Confessioni* I, 11, 17).

Da vescovo sentì forte la maternità della Chiesa che lo aveva generato spiritualmente, come la madre aveva fatto fisicamente; egli poté parlare di un duplice parto di sua madre, carnale e spirituale. *Non so proprio esprimere adeguatamente quanto il suo travaglio nel partorirmi in spirito fosse maggiore di quello con cui mi aveva partorito nella carne*[10].

L'immagine della Chiesa madre che genera e partorisce figli, è una delle più suggestive del pensiero agostiniano su di essa. È in seno alla Chiesa che si diventa santi: la Chiesa ci nutre con la Parola di Dio, con l'Eucaristia, con la vita insieme al popolo di Dio che si riunisce in assemblea nel nome del Padre, del Figlio e dello Spirito Santo[11]. Monica, discepola diligente e fedele della Chiesa, ha imparato ad essere donna attenta al Maestro Gesù, che *insegna dentro* di noi come verità e *ammonisce fuori* attraverso la Chiesa, ma che poi si apre agli altri per coinvolgerli nel comune cammino di santità.

Leggere le testimonianze di Agostino su sua

---

[10] *Confessioni* VI, 9, 16. Su tutto il capitolo si può consultare con profitto G. Saginario, *Monnica mia madre* cit., pp.87– 103.

[11] Cfr Sant'Agostino, *La Chiesa - da Eva alla Città di Dio,* a cura di A. Clerici, P. B. A., Città Nuova Editrice, Roma 2000, pp. 6 – 8.

madre potrebbe far pensare che Monica fosse una "predestinata", cioè nata santa.

I lettori sappiano che lo scopo di Agostino fu quello di erigere una monumento a sua Madre, glielo doveva, perché a lei spettava il merito di quanto egli stava vivendo, cioè a lei doveva tutto.

Se però leggiamo i molti testi che ho riportato con attenzione, ci accorgiamo che essi contengono, nel loro senso profondo, una carica profondamente umana: Monica fu una fragile creatura con pregi e difetti come sei tu, come sono tutte le creature di questo mondo: La santità per lei è stata una conquista: pensate al vizietto del vino, alla severità dell'educazione dell'anziana serva di casa a cui sottopose la sua gioventù.

Monica aveva un forte carattere non facilmente docile a piegarsi a quell'insegnamento austero.

Giunta all'età da marito, quanto ha dovuto soffrire all'inizio della sua vita famigliare a causa dell'infedeltà del marito e dell'incomprensione della suocera. E che dire delle ansie e delle preoccupazioni di una madre, diventata vedova in giovane età con alle spalle tre figli, uno dei quali, Agostino, sempre fuori casa, e, per di più con la responsabilità di mantenere il figlio Adeodato e la giovane cartaginese che aveva con sé?

Credo che i lettori di questa biografia se ne siano convinti leggendo il testo.

La santità è una conquista, fatta di rinunzie, di

sofferenze, di pianto e di tante preghiere.
Monica non è nata santa, ma c'è diventata, ha camminato per le vie contorte della storia, e qualche volta interrotte: la volontà di essere santa, la fiducia nella grazia di Dio, hanno operato il miracolo della santità. Voglia il cielo che il suo esempio conduca anche noi allo stesso traguardo.

parte seconda

Monica e Agostino

Introduzione

"Aveva allevato i suoi figli partorendoli tante volte quante li vedeva allontanarsi da te".

Questa seconda parte del libro ha le sue belle ragioni che vorremmo esporvi, nella convinzione che, dopo averle lette, anche voi darete il vostro consenso. La prima ragione si trova nel fatto che i testi che ci parlano di Monica sono stati scritti tutti dal figlio Agostino e di questo abbiamo già parlato.

La seconda è che la vita di Monica s'intreccia così strettamente con quella del figlio da non potersi proprio separare. Lo diciamo di ogni mamma, particolarmente di Monica. L'amore di madre lo definiamo spesso "esagerato", invece è solo "viscerale", parte cioè della sua carne, della sua persona.

In foto: **Madonna della consolazione tra i santi Agostino e Monica**

In natura i rapporti tra madre e figlio sono profondissimi; l'esagerazione se c'è, è l'eccezione che conferma la regola. Ce lo ha detto Agostino: A lei debbo tutto ciò che sto vivendo. Lasciamoci guidare da lui. Vediamo ora l'esistenza di Monica s'intreccia con quella del figlio, anzi, come le due vite si fondono insieme ed insieme vengono narrate. Leggere la vita di Monica tenendo presente quella di Agostino significa penetrarla più profondamente; scopriremo il mistero di grazia da cui è stata presa e le ricchezze che Dio compie quando si risponde alla sua chiamata.

La famiglia e la comunità ecclesiale di Tagaste avevano educato Monica alla fede in Gesù Cristo, che ella accolse, interiorizzò e ne diventò apostola convinta; la trasmise ai figli e a tutti coloro che, in qualche maniera, venivano in contatto con lei con le parole, e, soprattutto con l'esempio. Non ci stupiscono allora le parole di Agostino che volendo descrivere il dolore della madre ricorre ai dolori del parto: la mamma partorisce fisicamente il figlio nel dolore e per una madre credente come Monica, vedere i figli allontanarsi dalla retta via, è grave sofferenza, è un secondo parto, non meno doloroso del primo; da ciò l'impegno spirituale per aiutare il figlio a risalire la china, cioè a rinascere; anche questo è un parto. Agostino nelle *Confessioni* ha scritto: *(Mia madre) aveva allevato i suoi figli partorendoli tante volte quante li vedeva*

allontanarsi da te (*Confessioni* IX, 9).

Con queste parole egli vuole mettere in evidenza il coinvolgimento, l'impegno di sua madre su due fronti: umano e religioso. Voleva che il figlio crescesse sano, robusto e istruito, infatti, *"riteneva che la formazione culturale allora in voga non solo non avrebbe portato alcun danno,ma sarebbe stata di grande giovamento nel cammino verso di te"*(*Confessioni* II, 3, 8).

L'accenno alla cultura è rilevante e anche moderno per quel tempo. Monica era convinta che la cultura avrebbe accelerato la crescita umana di suo figlio e l'avrebbe aiutato a non perdersi nelle strade intricate della vita. Qui la parola cultura è presa in senso generico quale complesso di discipline che giovano alla completa formazione dell'uomo. Al tempo di Agostino, tale compito era affidato alle "arti liberali" che avevano lo scopo di "liberare" l'uomo dalle passioni, dai vizi che lo rendevano schiavo. Le arti liberali erano considerate la palestra dello spirito (*exercitatio animi*) nella quale ci si allena per vincere le passioni ed essere liberi per avvicinarsi a Dio, vera felicità[12].

[12] Si chiamavano *Arti Liberali* perché ad esse potevano accedere solo gli uomini liberi; gli schiavi invece esercitavano la manovalenza, le opere materiali, il commercio. Il loro studio era ritenuto importante e necessario per raggiungere la vera sapienza. Furono molto studiate nel Medioevo e divise in due blocchi: Trivio e Quadrivio. Al Trivio appartengono: la

Ecco allora la preoccupazione di Monica: educare il figlio nella fede e metterlo in condizioni di studiare; coniugando insieme fede e cultura, Agostino avrebbe trovato la strada giusta per arrivare a Dio. Allora lo educò nelle verità della fede: gl'insegnò che Dio esiste, che è presente nel creato, che è Provvidenza la quale ha cura di tutte le cose; che Dio è la felicità dell'uomo, e che l'anima è immortale. Agostino non dubitò mai di queste verità, nemmeno quando fece l'esperienza triste dello Scetticismo, cioè di quel modo di pensare e vivere che nega l'esistenza della verità.

Il nome di Gesù, che aveva bevuto dal seno di sua madre, rimarrà incancellabile nel cuore di Agostino; sarà quel nome dolcissimo il richiamo alla nostalgia della casa del Padre, quando, dopo essersi smarrito nelle vie intricate della vita, con la conseguente perdita dei valori e della fede, fece la triste esperienza di come si vive male lontano da Dio.

La situazione di emergenza e di pericolo richiamò l'attenzione di Monica, la quale inseguì il figlio per le strade del mondo (Cartagine, Roma, Milano), lo aiutò con tutti i mezzi a sua disposizione, incoraggiandolo con le parole, sostenendolo con l'aiuto economico, piangendo, pregando, perfino rivolgendosi a persone preparate affinché intervenissero su di lui. In questa impresa Monica era sostenuta da una fidu-

grammatica, la dialettica e la retorica; al Quadrivio l'aritmetica, la geometria, l'astronomia, la musica.

cia sicura che il figlio avrebbe ritrovato la strada maestra che conduce alla verità.

A questo punto, seppur brevemente, vorrei indicare le tappe del cammino che vorremmo intraprendere, lo stesso commino che Monica ha percorso insieme ad Agostino, giungendo con lui al traguardo da sempre sognato; anzi Dio la ricolmò di doni molto più abbondanti di quelli richiesti: Ella aveva domandato il ravvedimento del figlio Agostino, Dio le donerà non solo la conversione ma addirittura la consacrazione totale al Suo servizio. Agostino sarà monaco, fondatore di monasteri maschili e femminili; poi sarà consacrato sacerdote e vescovo di Dio; egli penserà, con zelo instancabile, a ricostruire il Cristianesimo in tutta l'Africa settentrionale e a riempirlo di monasteri, che daranno alla Chiesa, al dire di Possidio primo biografo del Santo, un numero considerevole di sacerdoti e di vescovi che servirono degnamente la Chiesa di Cristo. Tutta questa opera Agostino la realizzò predicando, scrivendo, combattendo i nemici di Cristo, cioè gli eretici e scismatici[13], fino

[13] **Eretico** è colui che è stato battezzato ed è cristiano e rinnega le verità proprie del credo che ha professato. **Scismatico** è colui che si è separato dalla Chiesa per divergenze con l'autorità o perché non accetta qualche verità. L'**eretico** è un rinnegato: era cristiano, ora di fatto non lo è più; lo **scismatico** rimane cristiano, però non è d'accordo con l'autorità ecclesiastica .

alla morte. L'itinerario si snoderà in brevi ma significative tappe, che vedranno insieme madre e figlio, Monica ed Agostino, quasi una corsa ad ostacoli, che approderà ad un traguardo finale di pace sconfinata per loro e per quanti si immetteranno nella loro strada.

Questo itinerario verrà percorso seguendo le indicazione delle *Confessioni*: la scuola primaria di Agostino e l'incisiva azione di Monica; gli anni della scuola media superiore a Madaura; l'anno di ozio forzato a Tagaste; studente a Cartagine; insegnamento a Cartagine, a Roma, a Milano, dove la vita di Agostino si concluderà con la conversione.

In foto: **I santi Agostino e Monica**

Gli anni della scuola primaria: Tagaste (354-364)

"Ti pregavo piccino
ma non con piccolo affetto"

Agostino nacque a Tagaste il 13 novembre del 354, con grande felicità di mamma Monica e del papà Patrizio. Questi, nonostante fosse pagano, ne affidò alla moglie l'educazione. Monica, cristiana, assunse con gioia e senso di responsabilità tale compito che svolse fino alla morte avvenuta a 56 anni quando Agostino ne aveva 33.

Agostino non venne battezzato subito. A quel tempo, era consuetudine battezzare i figli in età adulta, però il piccolo riceveva alcuni segni del battesimo: il segno della croce sulla fronte, un pizzico di sale nella bocca, l'iscrizione nell'elenco dei catecumeni, cioè nel registro di coloro che a suo tempo avrebbero ricevuto il battesimo[14].

---

[14] Cfr. *Confessioni* I, 11, 17. Questi segni li troviamo, tutti, nella cerimonia del nostro battesimo. Il segno della croce proprio all'inizio del rituale battesimale: il celebrante, i genitori, i padrini fanno il segno della croce sulla fronte del piccolo. A battesimo conferito la bocca del battezzato viene insaporita con un pizzico di sale. Il sale si usa per dar gusto ai cibi; il suo significato spirituale è il gusto che il cristiano deve dare, con la propria vita, alla persona.

Il nome di Gesù, che Agostino bevve con il latte materno, fu il primo nutrimento spirituale: il latte che si fa carne contiene anche il santo nome; come se Agostino volesse dire che il latte e Gesù sono stati il cibo che la madre gli ha dato da piccino; il latte e Gesù avevano il sapore di madre, un sapore d'amore, perché il rapporto madre e figlio è principalmente rapporto d'amore.

Agostino venne educato alla preghiera; è tanto vero che, da piccolo si rivolgeva al Signore perché gli venissero risparmiate le bacchettate del maestro: "*Ti pregavo piccino, ma non con piccolo affetto, che tu mi evitassi le busse del maestro*" (*Confessioni* I, 9, 14).

La preghiera era interessata ma fatta con l'animo innocente di un bambino che agisce senza calcoli, come fanno invece di solito gli adulti. Ma c'è di più: quando da piccolo si ammalò di occlusione intestinale e stette per morire, fu lui a chiedere, ad invocare il battesimo.

"*Così la mia purificazione fu differita, quasi fosse inevitabile che continuassi a peccare non ancora battezzato, perché più grande sarebbe stata la mia colpa se avessi peccato dopo aver ricevuto il battesimo*"[15].

[15] *Confessioni* I, 11, 17. La traduzione del testo è quella di Vico Stella, *Le mie Confessioni,* L'Agostiniana, Roma 2001.

Con queste parole Agostino vuol dire: posto il principio della colpa più grave in chi ha maggiori aiuti per evitarla, per mia madre era meglio non battezzarmi subito; è tanto difficile mantenere pura la vita, che se fossi stato battezzato e avessi peccato, avrei commesso un peccato più grave di colui che non era battezzato. Quindi per evitare che il peccato fosse più grave Monica, secondo Agostino, preferì che il battesimo fosse rimandato; ricevuto da grande, quando il bollore delle passioni si fosse attenuato, sarebbe stato per lui più facile mantenersi puro.

C'era un altro elemento che turbava l'azione educatrice di Monica: la presenza del marito pagano e indifferente alla religione, e, per di più, infedele; il fatto che la società di allora privilegiasse l'autorità paterna e tenesse in poca considerazione la donna, potevano influire negativamente sul figlio.

Qualche studioso ha letto l'influsso negativo del padre nel modo con cui Agostino rifiutò il consiglio della madre, quando gli raccomandò di astenersi dal commettere adulteri; quello di Monica infatti venne considerato un consiglio bigotto, di "donnicciola"(cfr. *Confessioni* II, 3, 7).

Nella realtà della vita l'azione educativa di Monica prevalse su quella di Patrizio, non nel senso di una sua strategia per dominare il marito e renderlo succube, ma nel senso di comportamento paziente e di "servizio" da meritarne stima ed

affetto. Agostino ne rimase conquistato, tanto da considerare l'autorità paterna come segno della presenza di Dio, da cui proviene ogni paternità: *"Dunque allora io credevo, come mia madre e tutta la casa, eccettuato soltanto mio padre.*

Questi non sopraffece però nel mio cuore i diritti dell'amore materno al punto di togliermi la fede in Cristo, fede che ancora non aveva.

Lei si adoperava a fare di te, mio Dio, il mio padre in vece sua, e tu l'aiutavi a prevalere sul marito, cui pure serviva, sebbene fosse migliore di lui, perché anche in ciò serviva te, che imponi comunque alla donna una condizione servile" (cfr. *Confessioni* I, 11, 17).

Non si scandalizzino i lettori se in questo testo trovano qualche parola che la nostra mentalità non accetta; certe espressioni, come *prevalere sul marito*, come se Monica volesse dominarlo; oppure Dio che *impone alla donna una condizione servile.*

Queste espressioni riflettono la cultura del tempo, quando la donna non era considerata; allora la cultura era maschilista.

Per quel tempo tale comportamento era normale, per noi no. La lettura corretta di questi testi è quella che dobbiamo fare tenendo conto della cultura dell'epoca non di quella nostra; a meno che non vogliamo falsare tutta la storia

A prescindere da queste osservazioni vorremmo fare una considerazione: quando la coppia ha scelto la via dell'amore, non esistono soggezioni o domini dell'uno su l'altro; l'amore è dono dell'uno all'altro. Patrizio non prevale su Monica ma anzi la stima e le affida la conduzione della casa e l'educazione dei figli; Monica dal canto suo non domina né opprime Patrizio, ma lo "serve" (la parola è di Agostino) come un "padrone".

In foto:

Agostino condotto a scuola da santa Monica

In casa il “servire” non vuol dire essere succube, ma amare la persona che si serve.

Le letture della psicologia (= la scienza che vorrebbe studiare l’anima umana che è spirituale o ciò che è dentro di noi), per quanto si sforzi, non sempre riesce a cogliere i profondi sentimenti del cuore umano. In conclusione si può dire che l’educazione cristiana ricevuta da Agostino fu solida; Monica gl’inculcò l’amore per Gesù, la fede in Dio, nella Provvidenza e nella vita eterna, l’amore per la Chiesa e l’importanza della preghiera per vivere secondo l’insegnamento evangelico.

Questo nucleo di verità rimarrà sicuro nel cuore del figlio Agostino, nonostante le burrasche della vita; esse non riusciranno mai a distruggere ciò che l’azione educatrice di Monica aveva costruito.

Quando i genitori sono capaci di offrire ai figli l’esempio, la testimonianza di vita, l’insegnamento diventa efficace, e produce sempre un grande effetto sui figli.

Gli anni di Madaura
(365 - 368)

Madaura, città dell'entroterra dell'Africa romana, a circa 25/30 Km da Tagaste, si vantava di essere una città di cultura; aveva infatti la scuola di grammatica, rispondente pressappoco alle nostre scuole medie superiori; vi s'insegnavano la lingua e la letteratura latina attraverso lo studio dei classici (Virgilio, Cicerone ecc.).

La città che era orgogliosa di aver dato i natali ad un uomo illustre come Apuleio, grande oratore e scrittore, conosciuto in tutto il mondo romano, aveva i suoi monumenti: terme, teatro, circo; raccoglieva inoltre i giovani delle città vicine che intendevano proseguire i loro studi.

Era, lo ripetiamo, una città di cultura; cultura naturalmente pagana, come erano i maestri di grammatica per questo chiamati "grammatici", che avevano disprezzo per i cristiani, considerati gente povera, incolta, rozza.

L'educazione scolastica era quindi pagana e per i giovani cristiani che vi si recavano, costituiva una continua tentazione.

Agostino non era ancora cristiano quando arrivò a Madaura: poteva avere all'incirca dodici anni.

Qui capì l'importanza dello studio; frequentò le scuole con grande profitto.

Apprese con facilità e studiò i classici con pas-

sione, specialmente Virgilio.

L'impegno degli studenti era soprattutto quello di mettere in prosa l'Eneide virgiliana e recitarne i brani.

Agostino subito s'impose sui suoi compagni al punto da essere sempre il primo della classe.

Le sue recitazioni erano così partecipate da dare l'impressione di essere un attore consumato.

I suoi professori ne notarono lo straordinario talento e lo chiamarono "giovane di belle speranze". I genitori non potevano non essere orgogliosi di avere un figlio di tanta genialità.

Se nello studio delle lettere il giovane fece tanti progressi, non possiamo dire la stessa cosa per l'aspetto religioso.

Ce lo narrano le *Confessioni*: in quella scuola, dice Agostino, l'unica preoccupazione era quella di parlare bene, non fare sbagli nell'uso della lingua latina, parlare elegantemente; tutte le altre cose non importavano.

Egli s'infastidiva se qualche suo compagno si dimostrava migliore di lui; amava il gioco e spesso barava, diceva un sacco di bugie; era attratto da spettacoli frivoli, spasimava a fare l'attore; rubava nella dispensa di casa, aveva la smania di dominare sugli altri (cfr. *Confessioni* I, 19, 20).

Agostino si giudica severamente, in realtà per un adolescente sono cose normali.

Crediamo però che il problema più importante

sia stato un altro: il giovane studente, a Madaura, solo, libero, abbandonò le pratiche religiose, soprattutto non pregava più.

Preso dallo studio e dal gioco non rivolgeva più lo sguardo al cielo e, quel ch'è peggio, il non farlo non lo inquietava, anzi lo lasciava indifferente.

A ciò si aggiunse la lontananza da casa senza la protezione della famiglia.

Monica in questa situazione non è che potesse fare molto. A quel tempo non c'erano né telefoni né cellulari e spostarsi non era agevole; non le restava che sperare che le cose andassero bene, pensarlo, pregare…e piangere, come tutte le mamme, giustamente preoccupate per la sorte dei figli.

La lontananza da casa, la mancata vigilanza dei genitori, le compagnie non sempre buone, la società che sbriciola quanto ha costruito la famiglia, sono tutte ragioni valide per tenere in continua ansia soprattutto le madri, che vedono in queste motivazioni una forza di separazione dal loro influsso educativo.

In foto: **Assunzione di Maria fra sant'Agostino, santa Monica, san Francesco e san Girolamo**

A Tagaste: quel sedicesimo anno
(anno 370)

"I rovi delle passioni crebbero oltre il mio capo".

"Quando nel corso di quel sedicesimo anno tornai presso i miei genitori e fui costretto all'ozio [...], i rovi delle passioni crebbero oltre il mio capo senza che fosse là una mano a sradicarli"

L'adolescenza è una delle età più importanti e delicate della vita; inizia a 12/13 anni per culminare a 18 per i maschi e a 15 per le femmine. Età difficile, che vede profonde trasformazioni a livello fisico e comportamentale.

L'adolescenza si caratterizza per il subbuglio creato dall'esplosione della crescita. L'adolescente sta diventando uomo (o donna): cresce il senso dell'autonomia e della libertà, si sente già adulto.

Rifiuta il controllo, non vuole più uscire con mamma e papà, preferisce compagnie ed amicizie al di fuori della famiglia.

Non è stabile, è incerto, ma critico. I metodi repressivi non sono accettati, più sicuro è l'atteggiamento di chi sa comprendere ed aiutare gli adolescenti a risolvere i problemi dentro di sé affinché si rendano conto di ciò che devono fare o evitare.

Non è per nulla facile comprendere il loro mondo e gli educatori, genitori, maestri, professo-

ri, per quanto si sforzino con umiltà devono riconoscere di trovarsi di fronte ad un mistero.

Agostino ha chiamato l'uomo "*profondità abissale", cioè mistero.* Al mistero ci si accosta con umiltà, con rispetto e, soprattutto, con tanto amore, per avere più facilità di accesso. I rimproveri si devono fare quando occorre, e devono essere sempre moderati; mentre giova molto mettere in evidenza i lati positivi degli adolescenti, che non sono pochi; servirà a non far perdere loro l'entusiasmo che per legge di natura sentono come fuoco dentro di sé.

Agostino, trascorse parte della sua adolescenza a Madaura, con risultati scolastici lusinghieri: essere definito "giovane di belle speranze" lo lusingava come lusingava Monica e Patrizio. Ritornò a Tagaste nell'anno 369/370. I suoi genitori consumarono tutti i loro risparmi per questa permanenza fuori casa; ora c'erano da proseguire gli studi all'Università di Cartagine.

Agostino dovette rimanere un anno a Tagaste senza far nulla, per dare ai suoi genitori il tempo di mettere da parte i soldi necessari per far continuare gli studi. Ma sentiamo la narrazione di Agostino: "*Quell'anno però i miei studi erano stati interrotti[...];ora si andavano raccogliendo i fondi necessari al mio trasferimento in una sede più remota, Cartagine, secondo le ambizioni, piuttosto che le possibilità di mio padre, cittadino alquanto modesto del municipio di Tagaste [...].Chi non faceva allora alti elogi di un uomo, mio padre, il quale per mantenere agli studi suo figlio in una città lontana spendeva più di quanto permettesse il patrimonio familiare? Molti cittadini assai più ricchi di lui non affrontavano per i loro figli un sacrificio simile"* (*Confessioni* II, 3, 5).

Agostino intanto si sentiva in balia dei suoi istinti sessuali; gli piaceva amare ed essere amato, non certo nei limiti di una luminosa amicizia; si sentiva travolto dall'esuberanza della pubertà che cercava di soddisfare con amori illeciti. Cosi la fragile età era trascinata giù per i dirupi delle passioni ed affogava nel gorgo dei vizi (cfr. *Confessioni II*, 2, 2).

Aveva certamente la mente confusa.

Egli si è lamentato che nessuno, in quel momento difficile gli era stato vicino. Non è proprio esatto: la madre gli era stata vicino, ma egli, Agostino, non la volle ascoltare. Monica del resto non ritenne opportuno suggerire al figlio di sposarsi; e come avrebbe potuto suggerirlo, visto che era un adolescente di appena di 16 anni? Quale madre avrebbe fatto un errore di questo genere?

I figli, a loro volta, dovrebbero essere più comprensivi e meglio valutare le preoccupazioni di una madre, dei genitori. Monica e Patrizio pensavano alla carriera del figlio, anzi, "*mia madre* - ci dice Agostino - *riteneva che la formazione culturale mi sarebbe stata di giovamento per un ritorno verso di te..."* (*Confessioni* II, 3, 8).

Però nello stesso testo faceva osservare che essi erano stati troppo indulgenti con lui per averlo lasciato a briglia sciolta, ed aver quindi permesso che rotolasse nella melma dell'iniquità.

Il matrimonio è cosa molto seria: Monica era convinta che un'attesa intelligente e paziente avrebbe fatto crescere l'adolescente Agostino e l'avrebbe meglio preparato alla vita di famiglia.

Il matrimonio richiede un grande senso di responsabilità che a soli 16 anni un ragazzo non può avere. Allora non c'è motivo di criticare la scelta di Monica in nome della libertà; la libertà, a 16 anni, va aiutata perché la scelta di vita sia più matura e perfettamente umana.

La madre raccomandando al figlio di *astenersi dalla fornicazione e dall'adulterio,* voleva che non si cacciasse in avventure che lo avrebbero allontanato dalla via retta dell'onestà.

Voleva che il figlio riflettesse sulla coscienza dei valori, sull'amore come forza che costruisce e che non perdesse la direzione giusta della vita.

L'opera di Monica, come quella di tutte le mamme, dei genitori, fu quella di stare vicino al figlio, fargli sentire il suo amore.

Errori se ne fanno dall'una e dall'altra parte, perché l'uomo, lo abbiamo già detto, rimane sempre insondabile mistero.

Molto saggia è la convinzione che i soggetti della storia sono due: Dio e l'uomo; l'uomo si vede, Dio no, ma c'è ed agisce; ce ne accorgiamo dal fatto che l'uomo lo cerca, quando cerca la felicità; e se lo cerca è perché c'è; non si cerca mai una cosa di cui non sappiamo che esista.

Questo Dio nascosto fu al fianco di Agostino negli ammonimenti di Monica, che lui non ascoltò. Ce lo dice nelle *Confessioni*: "*Ahimè, come oso dire che tu, Dio mio, tacesti mentre mi allontanavo da te ? Tacevi davvero per me in quei momenti? Di chi erano dunque, se non tue, le parole che facesti risuonare alle mie orecchie per bocca di mia madre, tua fedele? Ma nessuna scese di là nel mio cuore per tradursi in pratica. Ella mi chiedeva - come ricordo dentro di me l'incalzante sollecitudine dei suoi ammonimenti! - di astenermi dagli amorazzi e specialmente dall'adulterio con qualsiasi donna. Io li prendevo per ammonimenti di donnicciola, cui mi sarei vergognato di ubbidire*" (*Confessioni* II, 3, 7).

Da queste parole apprendiamo una fatto importante, cioè a chi è capace di ascoltare, la mente si apre alla comprensione di ciò che gli viene detto.

Agostino in quel momento non lo era; la verità non gli si rivelò.

Rimase nell'errore, continuò a sbagliare; in famiglia si sentì come soffocato; smanioso di una maggiore libertà, si allontanò dalla casa paterna.

Scaricò con gli amici, di notte, una pianta di pere, solo per il gusto del proibito; infatti non ne

mangiarono, ma le gettarono ai porci; ciò fu veramente grave. Un'autentica ragazzata che diventa un crimine: rubare per rubare! "*Io mi dispersi lontano da te ed errai, Dio mio, durante la mia adolescenza per vie troppo remote dalla tua solida roccia. Così divenni per me* ***regione di miseria***"[16].

In altre parole Agostino si allontanò così tanto da Dio da non esser più capace di ascoltarne la voce che si esprimeva con la voce della madre alla quale era rimasto solo piangere e pregare, e attendere con pazienza. Fu il risultato dell'anno di ozio. La "regione di miseria" è la scoperta della sua nudità spirituale: la vergogna di essersi scoperto "nudo".

In foto: **Agostino arriva a Cartagine**

[16] *Confessioni* II, 10, 18. Cfr. il lavoro della Saginario, *Monnica mia madre* cit., pp. 126 – 158.

Cartagine
(370 - 374; 375 - 383)

"Quel libro, l'Ortensio, mutò i miei sentimenti.., come ardevo, mio Dio, come ardevo".

Agostino giunse a Cartagine alla fine del 370 o all'inizio del 371.

"Giunsi a Cartagine, e dovunque intorno a me rombava la voragine degli amori peccaminosi[...]. Amare ed essere amato mi riusciva più dolce se anche del corpo della persona amata potevo godere[...]. Mi attiravano gli spettacoli teatrali, colmi di raffigurazioni delle mie miserie e di esche del mio fuoco" (*Confessioni* III, 1, 1 - 2, 2).

Da questo brano si capisce che il giovane Agostino si era calato in mezzo alla più squallida miseria morale, sospinto dalla tentazione che nella capitale africana veniva sollecitato con le scene dei teatri: la spudorata ostentazione delle avventure sessuali degli dèi pagani. Eppure, nonostante i richiami al vizio e le distrazioni, fece grandi progressi nello studio; e mantenne sempre un certo decoro, *smaniavo tuttavia, nella mia straripante vanità, di essere* ***elegante e raffinato***.

Questo era il segno che l'insegnamento materno, in qualche maniera, gli era rimasto scolpito nel cuore. Disciplina, rispetto, gentilezza, religiosità,

nobiltà d'animo, furono i frutti dell'educazione di Monica.

A Cartagine, diciannovenne, incontrò una ragazza, la prese con sé, l'amò con la fedeltà di un marito, ebbero un figlio, Adeodato, non cercato ma una volta nato, amato con tutto il cuore.

L'Ortensio

Sempre a diciannove anni, durante il terzo anno di università, fu letto nella scuola il libro di Cicerone, l'*Ortensio*, un libro di filosofia (=amore della sapienza), che mise nelle vene del giovane il fuoco, l'amore per la sapienza.

Le sue conoscenze si stavano allargando; quelle apprese nei libri si aprirono a quelle riguardanti la vita. La sapienza di cui parlava quel libro era il condimento che rendeva saporosa la vita, la rendeva degna di essere vissuta da un uomo. Ma dove trovarla? Solo là dove poteva trovare il nome di Gesù; il libro di Cicerone non lo conteneva; però poteva trovarlo nelle Sacre Scritture, che lesse ma non furono di suo gusto, anzi finì per odiarle perché piene di misteri e scritte in un latino barbaro.

Dell'insegnamento di sua madre gli rimase nel cuore solo il nome di Gesù. Più tardi sarà proprio questo nome a salvarlo.

I Manichei

L'incontro con i manichei fu devastante. Il Manicheismo era una religione piena di favole, un misto di riti orientali con un'infarinatura di Cristianesimo, ma affermava con forza di essere capace di offrire la "verità" senza l'imposizione della fede e della Chiesa.

La Chiesa, per i manichei, era la casa della menzogna, che imponeva la fede e mortificava l'intelligenza: esige che si debba credere al Vecchio Testamento, poco raccomandabile perché contiene il racconto di violenze e di scandali.

Dietro questa propaganda Agostino diventerà anticlericale e focoso apostolo della sètta; convertì ad essa molti suoi amici (era difficile resistere alla sua dialettica).

Così tradì la madre Chiesa e sua madre Monica che, da piccolo, l'aveva iscritto nel libro dei catecumeni e gli aveva insaporito la bocca con il sale della sapienza.

L'essere diventato manicheo gli fu fatale: ritornato a Tagaste dopo la laurea, la madre gli sbatté la porta in faccia; Monica non riuscì a sopportare che la sua casa cristiana fosse abitazione di un eretico. Ma c'era di più; morto il marito, fu lei a sostenere il peso della permanenza del figlio a Cartagine, e il figlio lo sapeva. Monica non si sarebbe mai aspettato che un figlio come Agostino fosse diventato eretico.

Tanti sacrifici, tanti pianti, tante preghiere per nulla? Non voleva crederlo.

Un vescovo, importunato da lei perché parlasse e convincesse il figlio ad abbandonare quella religione, le rispose quasi seccato: non è possibile che un figlio di tante lacrime si possa perdere. Andrà proprio così; ma ancora c'era tanta strada da fare.

Il sogno di Monica

Una notte Monica fece un sogno: *"Le sembrò* – racconta Agostino -, *di essere ritta sopra un regolo di legno, ove un giovane radioso e ilare le andava incontro sorridendole, mentre era afflitta, accasciata dal dolore. Il giovane le chiedeva i motivi della sua mestizia e delle lacrime che versava ogni giorno [...]; ed ella rispondeva di piangere sulla mia perdizione. Allora l'altro per tranquillizzarla la invitava, e la esortava a guardarsi attorno: non vedeva che là dov'era lei ero anch'io. Ella guardò e mi vide ritto al suo fianco sul medesimo regolo [...]".*

Agostino lesse questo sogno come se fosse stata lei, la madre, a diventare manichea come lui; Monica, subito, senza un attimo di esitazione, esclamò: *No, non mi fu detto: là dov'è lui sarai anche tu; ma: là dove sei tu sarà anche lui* (*Confessioni* III, 11, 19 – 20).

Intanto la situazione di Agostino appariva

disperata: "*per amor mio*,- leggiamo nella *Confessioni - piangeva innanzi a te mia madre, tua fedele, versando più lacrime di quante ne versino mai le madri alla morte fisica dei figli"*. Certo che piangeva: cosa avrebbe potuto aspettarsi da un rinnegato? E il figlio lo era. In un primo momento nei confronti del figlio Monica seguì la linea dura, con lo scopo di indurlo a riflettere; quando si accorse dell'inefficacia di questo metodo lo cambiò e adottò quello della comprensione che, nel tempo,

In foto: **Il sogno di santa Monica**

si rivelò più efficace. La forza dell'amore di una madre per il figlio è capace di tutto.

Comunque il suo atteggiamento più morbido lo si capisce dal testo stesso.

Le mamme con il loro intuito e sensibilità sanno volgere lo sguardo molto lontano, quasi profetesse per la sorte dei loro figli. La fede di Monica era forte e sicura; in quel sogno premonitore gustò la gioia di quanto sarebbe accaduto a suo tempo e luogo: "*Così proprio in quel sogno e molto tempo prima del vero fu predetto alla pia* (madre) *il gaudio che avrebbe provato in un futuro lontano, per consolarla dell'ansia che la struggeva al presente*".

I tempi di Dio sono sempre giusti, e, quando arrivano arrecano gioia, esultanza. Intanto però la fatica e il pianto della madre continueranno: "*quella vedova casta, pia e sobria, quali tu le ami, dalla speranza, certo, resa più alacre, ma al pianto e ai gemiti non meno pronta,persisteva a far lamento per me davanti a te in tutte le ore delle sue orazioni*" (*Confessioni* III, 11, 20).

Agostino, semplice fedele manicheo, nonostante avesse molti dubbi fu un infuocato ed efficace missionario del Manicheismo. Romaniano, Alipio, Onorato, Nebridio, li aveva convertiti tutti. Ma come fermarlo? Monica aveva interpellato molte persone, perfino un vescovo, per riportare sulla strada giusta il figlio; ma chi si prendeva la briga di parlare a quel giovane presuntuoso, dall'animo inquieto e aggrovigliato com'era Agostino?

La morte dell'amico di Tagaste

Il Signore però sa scrivere diritto anche su righe storte. La morte dell' amico lo gettò nella disperazione, perché con lui Agostino si sentiva così profondamente unito quasi fossero una sola persona: *"mio coetaneo, nel fiore dell'adolescenza come me, con me era cresciuto da ragazzo, insieme eravamo andati a scuola e insieme avevamo giocato"*. Agostino poi passa a parlare della loro amicizia, ma annota: "*non c'è vera amicizia, se non quando l'annodi tu fra persone a te strette col vincolo dell'amore diffuso nei nostri cuori ad opera dello Spirito Santo che ci fu dato"*. In altre parole l'amicizia è vera solo se ha riferimento a Dio; lontano da Dio tutto è precario, dura poco; ecco perché le amicizie solo umane non sono sempre durature. *"Quando eccoti arrivare alle spalle dei tuoi fuggiaschi, Dio delle vendette e fonte insieme di misericordie, che ci rivolgi a te in modi straordinari; eccoti strapparlo a questa vita dopo un anno appena che mi era amico, a me dolce più di tutte le dolcezze della mia vita di allora"* (*Confessioni* IV, 4, 7).

Agostino è disperato. Ma anche lo stato di disperazione può trasformarsi in momento di grazia, perché, di fronte ad essa, o la fai finita per

sempre o t'interroghi sul senso della vita: Da dove vengo? Dove vado? Sono libero? Perché il male? L'educazione che Agostino aveva ricevuto era virile, forte, non sapeva proprio cosa fosse la vigliaccheria; Monica gli aveva trasmesso il suo carattere nobile e coraggioso. La morte di una persona cara, però, rimane sempre uno strappo violento; per questo motivo *"l'angoscia avvolse di tenebre il suo cuore. Ogni oggetto su cui posava il suo sguardo era morte...I suoi occhi se lo aspettavano dovunque senza incontrarlo, odiava il mondo intero":* il suo amico era morto e questa era l'unica certezza; le parole che diciamo in simili circostanze e che troviamo scritte nel testo agostiniano: *Spera in Dio*, sono solo parole consolatorie, così le intese Agostino, ma che non restituiscono il morto alla vita. Quando la fede non c'è, la morte non può trovare consolazione; la ragione non basta a risolvere questo grave problema.

A questo punto, ecco le parole, diventate giustamente famose: *"Io stesso ero divenuto per me un grande enigma"*. Cioè quando tutto sembra crollare intorno a te, ti poni domande sulla vita: se abbia un senso o no, se siamo realmente liberi, perché il dolore innocente. Agostino trovò ristoro solo nel pianto: *"Soltanto le lacrime mi erano dolci e presero il posto del mio amico tra i conforti del mio spirito"* (*Confessioni* IV, 4, 9).

Cartagine

La morte di questo amico costrinse Agostino a lasciare Tagaste per andarsene a Cartagine, dov'era sicuro di ritrovarvi alcuni vecchi amici e tentare di cominciare daccapo. Cartagine l'aveva visto studente brillante; lì aveva assaporato la dolcezza della sapienza immortale con la lettura dell'*Ortensio*, lì aveva sentito il fremito dell'amore con la ragazza del cuore, lì aveva gioito per la sorpresa della paternità; lì aveva conosciuto i Manichei. Sperava proprio che Cartagine gli propiziasse la risoluzione dei suoi problemi interiori. La prima volta vi era stato come studente, ora vi ritornava come maestro di Retorica.

Quanti dubbi ancora! Trovarsi manicheo gli andava troppo stretto: non aveva più simpatia per quella religione, povera di idee, ma molto ricca di favole. Agostino, sempre più insoddisfatto ed inquieto, chiedeva insistentemente aiuto, e l'aiuto stentava a venire. Finalmente, dopo lunga e penosa attesa, s'incontrò con Fausto, vescovo manicheo. Che delusione! Fausto non seppe rispondere nemmeno alle domande riguardanti la religione propria; brillante oratore, anche simpatico, ma non convincente e quel che è peggio ignorante; Agostino ne sapeva più di lui (cfr. *Confessioni* V, 8, 13).

La grande delusione di questo colloquio, l'indisciplinatezza degli studenti cartaginesi, lo indussero a pensare di fuggire alla volta di Roma. Roma

sarebbe stata una liberazione; lì avrebbe trovato l'amico Alipio, impiegato nell'amministrazione della Prefettura di Simmaco, ed i manichei, tra i quali Agostino non si sentiva più a suo agio ma che, in particolari momenti, potevano essere utili.

Monica cosa poteva fare nei confronti di Agostino, confuso nella mente e nella situazione concreta, in una posizione traballante? Intanto pensò di recarsi a Cartagine, di raggiungere il figlio e la sua famigliola certa di poter essere di qualche utilità per tutti.

In foto: **Agostino lascia Cartagine per mare**

A Roma (383)

“Mia madre amava la mia presenza
al suo fianco come tutte le madri,
ma molto più di molte madri”.

Le ragioni del trasferimento di Agostino da Cartagine a Roma sono più di una: i giovani studenti romani erano più tranquilli e disciplinati di quelli di Cartagine; c’erano anche ragioni pratiche, magari meno nobili, come il guadagno, gli onori. Certamente Agostino non si allontanò per fuggire dall’ossessiva e oppressiva presenza della madre, come qualche studioso sostiene, ma per i motivi di cui abbiamo parlato sopra (*Confessioni* V, 8,14).

La storia non si fa con le supposizioni, che spesso diventano romanzi, anzi favole, ma si fa con i fatti, con le prove. Le supposizioni le avremmo potute fare se Agostino non ci avesse detto nelle *Confessioni* come stavano i fatti. Ora, che Monica provasse dispiacere per la partenza del figlio non ci vuole molto a crederlo. L’aveva già sperimentato altre volte quando il figlio era andato a studiare a Madaura e a Cartagine. Quante preoccupazioni! Quante ansie! I figli fuori casa sono esposti a tutti i venti. Monica non era diversa da tutte le mamme che per necessità devono accettare che i figli se ne vadano fuori o per studio o per

lavoro. Oggi i genitori sono facilitati perché possono facilmente raggiungere i loro figli, ai tempi di Monica questa facilità non esisteva.

Nel nostro caso c'era poi da considerare la famigliola di Agostino; data la situazione precaria del figlio, Monica doveva aiutare a sostenere la famiglia anche economicamente.

La partenza da Cartagine avvenne all'insaputa della madre, ingannata con la scusa di salutare un amico in partenza e invitata ad aspettarlo in una chiesetta vicina al porto, dedicata a san Cipriano.

Agostino nelle *Confessioni* si dilunga nel raccontare questo fatto per esprimere, dopo tanto tempo, la propria commozione per aver fatto soffrire sua madre, e *quella madre,* gettandola nel dolore. Eppure il Signore, che guida il cammino dell'uomo, riservando queste sofferenze a Monica ne sollecitava le lacrime e le preghiere e per questa via preparava il ritorno di Agostino alla casa del Padre.

Agostino fa una riflessione sulla madre che piangeva e pregava; anch'ella, dice, forse peccava per l'eccessivo attaccamento al figlio: "*Cosa ti chiedeva, Dio mio, con tante lacrime, se non d'impedire la mia navigazione? Tu però nella profondità dei tuoi disegni esaudisti il punto vitale del suo desiderio, senza curarti dell'oggetto momentaneo della sua richiesta, non badando a fare di me ciò che sempre ti chiedeva di fare"* (*Confessioni* V, 8, 15).

L'*oggetto del desiderio* di Monica era la conversione, mentre l'*oggetto immediato della sua richiesta* era che non partisse. Dio permise che Agostino se ne andasse, per questo ella pianse e pregò; e furono queste lacrime e preghiere ad ottenere la conversione del figlio. Monica, come tutte le mamme, avrebbe voluto averlo sempre con sé; questo attaccamento è morboso, quindi egoistico, perciò non virtuoso. Ma alle mamme si scusa tutto. Le vie della Provvidenza sono altre.

Monica che soffre molto per la partenza del figlio è giustamente punita da Dio per il suo *desiderio carnale*. "*Mi seguì fino al mare; quando mi strinse violentemente, nella speranza di dissuadermi dal viaggio o di proseguire con me [...]. Si rifiutò di tornare indietro senza di me [...], e flagellavi lei con la sofferenza meritata per la sua bramosia troppo carnale. Amava la mia presenza al suo fianco come tutte le madri, ma molto più di molte madri*" (*Confessioni* V, 8, 15).

Queste parole hanno spinto alcuni studiosi a giudicare "morboso" l'amore di Monica, frutto di una malattia dell'anima.

Agostino parla di "bramosia troppo carnale", però per comprenderla bisogna proseguire la lettura. Agostino aggiunge: "(Mia madre) *amava la mia presenza al suo fianco come tutte le madri, ma molto più di molte madri*". L'affetto morboso delle madri va letto nella maniera più naturale possibile,

lo abbiamo già detto ed ora lo ripetiamo: le madri portano i figli nella grembo per nove mesi, quando nascono sono legati alla madre con il cordone ombelicale, li tengono attaccati al seno per più di un anno; i figli sotto l'aspetto fisico sono il loro prolungamento.

Da qui l'amore della mamma viene detto "viscerale", il figlio è una porzione di se stessa, freme di amore per il figlio.

Che poi ci sia chi realmente esagera è un'eccezione, e le eccezioni confermano la regola. I maschi poi devono capire che per quanto bravi siano, non riusciranno mai a capire l'amore di una madre; chi può leggere il suo animo?

Chi può comprendere la forza dell'amore che né si vede né si tocca?

La psicologia è la scienza che studia l'anima umana, ma non deve avere la presunzione di comprendere tutto.

Già è difficilissimo capire se stessi, figuriamoci gli altri. Poi un'altra cosa: il "peso" dei figli è quasi tutto sulle spalle della madre: la gestazione, l'allattamento, lo stare loro più vicino; è la madre che fa "esperienza", vive questa realtà; solo lei ce ne potrebbe parlare con competenza.

"*Mia madre* - scrive Agostino - *piangeva e gemeva, e i suoi tormenti rivelavano l'eredità di Eva in lei che cercava con lamenti quanto con lamenti aveva partorito*".

Nell'anno 383 Agostino raggiunse Roma, dove si ammalò: una forte febbre malarica lo ridusse in fin di vita. Più grave della sua vita fisica era la vita spirituale, il pericolo per l'anima. Da piccolo, malato di occlusione intestinale, aveva chiesto il battesimo, ora, manicheo, no: non credeva alla redenzione di Cristo. Per i manichei (e per Agostino che lo era), Cristo nella sua nascita non aveva preso carne umana ma solo apparente, era cioè un fantasma; la risurrezione di conseguenza una vera illusione.

Se Cristo, sostenevano i manichei, avesse avuto un corpo, un corpo reale, si sarebbe contaminato con l'elemento tenebroso dello stesso. Un Cristo fantasma non poteva cancellare i peccati reali; poi non c'era proprio nulla da cancellare; l'uomo non aveva peccati, Agostino non aveva peccati: unico responsabile delle colpe non è l'uomo, bensì il Principio del male che è nell'uomo.

Se Agostino fosse morto in questa situazione spirituale, per lui sarebbe finita per sempre. Ma anche qui le preghiere e le lacrime della madre lontana scongiurarono il peggio ed egli guarì dalla sua malattia. Così procede Dio: lo guarisce dal male fisico per prepararlo alla guarigione spirituale.

Tentazione scettica

L'incontro con Fausto a Cartagine staccò spiritualmente Agostino dal Manicheismo.

A Roma il movimento era diffuso ma viveva in clandestinità perché ritenuto disturbatore della quiete pubblica e perciò condannato dagli imperatori.

Agostino frequentò le loro comunità, quella degli uditori e quella degli eletti, ma distaccato; anzi, vedendo che gli "eletti"(una sorta di monaci) non vivevano secondo il loro impegno, se ne distaccò ancora di più.

Dall'altra parte non sperava più di trovare la verità nella Chiesa cattolica, sia per le critiche serrate dei manichei, sia per la sua ignoranza delle verità cattoliche.

I manichei l'avevano deluso, non potevano essere portatori di verità; ciò che chiamavano verità era solo fede nelle favole che raccontavano.

Se le cose stavano così, dove avrebbe trovato la verità che tanto cercava? Nemmeno i filosofi gli potevano venire incontro: infatti gli uni contraddicevano gli altri. Alcuni dicevano che l'anima è mortale (stoici ed epicurei); Cicerone invece gli aveva insegnato il contrario, e cioè che l'anima umana è immortale. Anche Dio è ridotto a corpo. Poi in tutti questi filosofi mancava una cosa: il nome di Gesù, quindi erano squalificati.

In tale situazione veniva spontaneo pensare che

gli unici a pensarla bene fossero gli accademici, i quali sostenevano che la verità non esisteva o, pur esistendo, che era irraggiungibile, ed infine che non si poteva affermare nulla di certo[17].

Lo scetticismo di Agostino non fu radicale: non dubitò mai della verità delle operazioni matematiche, credette sempre nella Provvidenza divina.

In poche parole, lo scetticismo di Agostino più che una convinzione fu una tentazione, come risultato di un'inquietudine interiore per aver trovato la strada sbarrata nel cammino verso la verità.

---

[17] *Confessioni.* V, 10, 19. L'Accademia, così nominata dal leggendario eroe greco Accademo, presso i cui giardini aveva posto la sua sede, fu fondata da Platone ed ebbe il carattere specifico di una comunità religioso-culturale, riconosciuta giuridicamente, con un patrimonio che ne assicurò una lunga vita. Questa è l'*Accademia antica* che professava lo spiritualismo platonico e aveva come scopo la preparazione della nuova classe politica. Il secondo periodo iniziò con Arcesilao (315-240 a.C.) ed annoverò tra i suoi più noti rappresentanti Carneade di Cirene (214-129 a.C.). Questa è l'*Accademia di mezzo* che prese un indirizzo scettico. Il terzo periodo è quello dell'*Accademia nuova*, i cui illustri rappresentanti furono Filone di Larissa (c. 148-80 a. C.) e Antioco di Ascalona (m. nel 68 a. C.), maestro di Cicerone. Agostino parlando dell'*Accademia* si riferiva all'*Accademia di mezzo* e al suo indirizzo scettico. Sulla crisi scettica si veda G. Saginario, *Monnica mia madre* cit. 178 -182.

Egli era uomo di pensiero: prima di lasciare una religione, una corrente filosofica che in qualche maniera si era introdotta nella sua vita, sentiva la necessità di porla sotto severa critica prima di rifiutarla o accettarla.

Dopo la conversione, a Cassiciaco, scrisse la prima opera che possediamo, dal titolo *Contro gli Accademici.* Gli accademici erano gli scettici di quel tempo; egli li combatté e proprio sulle ceneri del loro pensiero, pose le basi dell'edificio della verità.

L'esperienza aveva indotto Agostino a rivedere molte cose.

L'orgoglio della ragione come pretesa di avere tutto in testa, si va spegnendo ed è arrivata al traguardo: il dubbio scettico, che nega l'esistenza della verità, oppure anche se esiste è irraggiungibile.

Egli stava vivendo una contraddizione che lo lacerava dentro: da una parte l'insopprimibile sete di verità, dall'altra sperimentava sempre di più la forza devastante del dubbio: e se la verità esistesse? E, pur esistendo, non fosse raggiungibile? L'alternativa era radicale, tutta interiore, tale da coinvolgere l'intera persona.

L'ostacolo principale nel cammino di ricerca della verità, a mio avviso, non era lo scetticismo, ma i pregiudizi con i quali il manicheismo aveva riempito la testa di Agostino il quale, nonostante le incertezze e i dubbi, ancora non era riuscito a sbarazzarsene: non era riuscito a vincere il materialismo che riduceva tutto a materia, anche Dio; non aveva risolto il problema del male: la soluzione proposta dai Manichei non lo soddisfaceva più, perché, dicevano, che l'uomo non è libero, pertanto non è responsabile di quello che fa.

C'è una Forza negativa in tutti gli esseri: lei è responsabile di tutto il male che l'uomo compie.

Per ultimo, Agostino non era ancora pronto a vedere nella Chiesa cattolica la madre che gli

In foto: **Agostino insegna retorica a Roma**

veniva incontro per aiutarlo a risolvere gli angosciosi problemi che lo turbavano. C'erano ancora i dubbi che gli avevano inculcato i manichei sulla Bibbia (cfr. *Confessioni.* V, 11, 21).

Eppure in mezzo a tanta confusione una forza, rappresentata dal nome di Gesù, ogni tanto si affacciava all'orizzonte del retore Agostino e gli addolciva la bocca.

E quando pensava a quel nome, la mente gli andava a sua madre; era stata lei a farglielo bere insieme al suo latte, come se avesse voluto dargli da bere il suo sangue.

Il mare teneva questa madre in Africa e lui nel continente; da là Monica trepidava, piangeva, pregava, soffriva, come se stesse partorendo il suo figlio un'altra volta. La confusione della mente e il contorcimento del cuore stavano per ingoiare il giovane Agostino.

Ma quando si è nel fondo del pozzo, o si annega, oppure ci si aggrappa anche agli specchi per riemergere. Agostino sceglierà questa seconda via d'uscita.

A Milano
(384 - 387)

"Quell'uomo di Dio mi accolse come un padre
E gradì il mio pellegrinaggio come un vescovo".

Agostino a Milano

Questa era la situazione spirituale di Agostino quando gli si presentò insperata un'opportunità: da Milano, sede dell'imperatore, giunse una richiesta a Simmaco Prefetto dell'Urbe (celebre oratore, nemico dichiarato dei cristiani) di un maestro di retorica per la sede imperiale. Agostino pose la propria candidatura. Gli amici manichei lo appoggiarono e raccomandarono.

Il Prefetto pagano Simmaco era contento di mettere di fronte ad Ambrogio un professore anticattolico come Agostino. Questi vinse il concorso e partì per il Nord con i mezzi del servizio pubblico dello Stato; giunse a Milano nell'autunno del 384, aveva allora trent'anni.

Poco dopo, nel 385, lo raggiunsero la madre Monica, la sua donna con il figlio, il fratello Navigio, gli amici fedeli Alipio, Trigezio, Nebridio che avevano lasciato l'Africa per seguire Agostino e viverci insieme *nell'ardentissimo studio della Sapienza*, il mecenate ed amico Romaniano e suo figlio Licenzio..

La sede episcopale di Milano era tenuta da un grande personaggio, Ambrogio[18] personalità di spicco per cultura, eloquenza e zelo; predicatore instancabile della Parola di Dio, ammirato dal suo popolo, stimato nella corte imperiale. Dopo l'incontro ufficiale, Agostino ebbe con Ambrogio pochissimi contatti e non gli confidò mai le sue inquietudini interiori; l'azione di avvicinamento da parte di Ambrogio fu indiretta, attraverso la predicazione e la sua eccezionale personalità. Agostino racconta: *"Quell'uomo di Dio mi accolse come un padre e gradì il mio pellegrinaggio come un vescovo. Io pure presi subito ad amarlo, dapprima*

---

[18] Ambrogio era nato a Treviri, città fondata da Augusto sulla Mosella, ai confini tra Germania e Francia, dove il padre era Prefetto. Appartenendo all'alta società romana ricevette un'ottima educazione letteraria greca e latina. Intraprese il *cursus honorum* e a 34 anni era Prefetto della provincia di Emilia e Liguria allorché, a furor di popolo, venne consacrato vescovo, il 7 dicembre del 373. Quando Agostino arrivò a Milano (384) era vescovo da dieci anni. Stimato dal popolo e temuto dalla Corte imperiale nella quale Giustina, madre dell'imperatore Valentiniano II, favorevole agli ariani, esercitava il suo influsso a favore degli eretici. Fu profondo conoscitore del neoplatonismo e fondatore di un fiorente circolo culturale esistente nella città di Milano (cfr A. SOLIGNAC, in BA, 14, nota 1, pp. 529-593; P. COURCELLE, *Recherches sur les Confessions de Saint Augustin,* E. De Boccard, Paris 1968, pp. 92-95*).*

non certo come maestro di verità, poiché non avevo alcuna speranza di trovarla nella tua Chiesa; bensì come persona che mi mostrava della benevolenza. Frequentavo assiduamente le sue istruzioni pubbliche, non però mosso dalla giusta intenzione: volevo appunto sincerarmi se la sua eloquenza meritava la fama di cui godeva [...]. Stavo attento, sospeso alle sue parole, ma non m'interessavo al contenuto, anzi lo disdegnavo. La soavità della sua parola m'incantava" (cfr. *Confessioni.* V, 13, 23).

Il linguaggio del vescovo era meno carezzevole di quello di Fausto, ma il contenuto non ammetteva paragoni. Tuttavia, a poco a poco attraverso le parole scendevano anche le idee (cfr. *Confessioni.* V, 14, 24).

Agostino cominciò a capire il Cristianesimo; le critiche dei manichei contro di esso si andavano sfaldando ad una ad una. Le Scritture venivano spiegate secondo il principio paolino: "*la lettera uccide, lo spirito vivifica" (2 Cor 3, 6)*; Esse insegnano all'uomo la via della salvezza; bisogna superare la lettera e accedere al significato spirituale, allegorico[19].

---

[19] La parola *allegoria* viene dalla lingua greca ed è composta di due termini: *àllos* con il significato di *altro* e *agorà,* derivante da *agorèuo,* con il significato di *adunanza, discorso*; allora *l'allegoria è* un *discorso,* fatto per mezzo di un'immagine con un *altro* significato, in questo caso spirituale. Gesù ha

Così per le parole della *Genesi* 1, 26: *Facciamo l'uomo a nostra immagine e somiglianza*, l'immagine e la somiglianza non si devono intendere nel senso che Dio ha un corpo come l'uomo, ma che l'uomo assomiglia a Dio perché pensa e ama: la somiglianza è spirituale.

La predicazione di Ambrogio quindi aiutò Agostino ad accostarsi alla Chiesa cattolica; il suo distacco dai manichei si faceva più marcato, anche se si trovava a corto di argomenti per smascherare la loro falsità; perseverava ancora nella mente l'incapacità di pensare Dio come spirito (cfr. *Confessioni*. V, 14, 25).

Agostino esitava; ed è proprio di chi esita rimanere dove sta, senza cambiare. Ma ciò voleva dire essere nel dubbio.

Lo scetticismo fu per Agostino un momento di grande sofferenza intellettuale: pensare che la verità non esiste o non è raggiungibile, per lui da sempre ricercatore insonne della verità, doveva essere un autentico tormento. Ma c'è di più: lo Scetticismo è pericoloso per l'uomo e per la vita morale: se la verità non esiste l'uomo non la cerca,

---

detto: *io sono la vite e voi i tralci*, cioè fa un discorso servendosi dell'immagine della vite e dei tralci; l'immagine sta a significare la profonda unione spirituale di Cristo con tutti i cristiani, proprio come la profonda unione materiale del tralcio con la vite.

così è condannato all'inattività. C'è poi il fatto che l'uomo si può sbagliare: in questo caso è meglio non agire per non commettere errori.

Lo Scetticismo è veramente una rete insidiosissima, chi vi rimane impigliato è morto prima di morire. Momento quindi di grande sofferenza ma anche di purificazione, in quanto lo rese accorto di fronte alle favole manichee e alle proposte di altre filosofie. Lo scetticismo quindi, senza diminuire l'affanno intellettuale, fu scuola di purificazione e liberazione.

Monica a Milano

Nella primavera del 385 Monica, con tutta la comitiva dei parenti ed amici oltre a quelli già citati prima, giunse Milano; di certo trovò il figlio in stato di forte inquietudine per i molti problemi che lo assillavano. Venne però presto sollevata da una buona notizia: Agostino le comunicò di aver abbandonato per sempre il Manicheismo. Il motivo di gioia divenne anche motivo di speranza. Le mamme hanno in certo qual modo anche spirito profetico, quando si tratta dei propri figli. La notizia fu per lei esaltante e la convinse che presto il figlio sarebbe ritornato in seno alla Chiesa cattolica: "*Credo in Cristo* – ha scritto di lei Agostino - *che prima di migrare da questo mondo ti avrò veduto cattolico convinto*" (*Confessioni* VI, 1, 1).

La Chiesa milanese

"Vedevo la chiesa popolata di fedeli che avanzavano, l'uno in un modo, l'altro in un altro" (*Confessioni* VI, 1, 2).

Più volte, nelle opere di Agostino, troviamo l'accostamento della madre Monica con la madre Chiesa:

"*Due genitori ci hanno generato per la morte, due genitori ci hanno generato per la vita. I genitori che ci hanno generato per la morte sono Adamo ed Eva, i genitori che ci hanno generato per la vita sono Cristo e la Chiesa"* (*Discorso* 22, 10).

L'immagine della Chiesa "madre" si trova anche in autori prima di lui (Policarpo, Tertulliano, Origene, Cipriano, Ambrogio), ma in Agostino non è più un'immagine, bensì la realtà, è titolo essenziale della dottrina agostiniana sulla Chiesa.

Un conto è l'immagine, un altro la realtà.

Se prendi uno specchio e lo metti davanti al tuo volto, vedrai il tuo volto riflesso sullo specchio; l'immagine dipende tutta dal tuo volto reale: se lo togli dallo specchio, l'immagine dello specchio sparisce.

Ciò significa che per Agostino la Chiesa "madre" non è immagine, figura di una realtà che è fuori della Chiesa, ma è la realtà stessa della Chiesa.

La Chiesa è madre perché genera spiritualmente nell'acqua e nello Spirito, e fa nascere la nuova creatura, rinnovata, generata, dalla grazia di Cristo[20].

Questa fu la Chiesa “vivace” che Monica e Agostino incontrarono; Monica con la gioia di ritrovarsi nel calore della Chiesa-madre, Agostino nello stimolo di rientrare presto in essa, per goderne nell’abbraccio amoroso del Padre, come il figlio prodigo.

La Chiesa milanese è unita al suo vescovo fino al punto di tumultuare contro gl’intrighi di Giustina, madre ariana dell’imperatore Valentiniano II, che voleva assegnare la Basilica Porziana agli ariani. Solo Ambrogio riuscì a calmare la folla, inferocita contro la prepotenza di Giustina.

L’anno successivo (386) si ripeté il tentativo di Giustina; questa volta Ambrogio e la folla erano asserragliati dentro la chiesa, mentre l’esercito l’assediava. Il popolo, unito al vescovo, resistette e i soldati furono costretti a togliere l’assedio.

Tra la folla, c’informa Agostino, c’era anche sua madre. Ambrogio per tener occupato il popolo compose inni che il popolo cantava. Da quella esperienza nacque il canto nella Chiesa.

Agostino lo rievoca con le seguenti parole: *“La folla vigilava ogni notte in chiesa, pronta a morire*

[20] Cfr. P. RINETTI, *Sant’Agostino e la “Ecclesia mater“*, in “Augustinus Magister” – Congrès Internazional – Paris 21 – 24 September 1954, éd. Édudes augustiniennes, Paris 1955, pp. 827 – 834.

per il suo vescovo. La mia madre, ancella tua, che per il suo zelo era in prima fila nella veglia, viveva di preghiere. Noi stessi, sebbene freddi al calore del tuo Spirito, ci sentivamo tuttavia eccitati dall'ansia attonita della città" (*Confessioni* IX, 7, 15).

Ci fu un altro avvenimento, durante il quale il popolo si mostrò unito al suo vescovo: il ritrovamento e il trasferimento nella Basilica Ambrosiana dei corpi dei martiri Gervasio e Protasio.

L'entusiasmo del popolo andò alle stelle, anche perché in quella circostanza furono registrati alcuni miracoli (*Confessioni* IX, 7, 16).

La Chiesa milanese era anche impegnata nel sociale, disposta a vendere i vasi sacri pur di riscattare gli schiavi. Del resto Ambrogio aveva scritto nel libro *Su i doveri*: *Ho preferito consegnarvi degli uomini liberi, piuttosto che conservare il vostro oro.*

Tale Chiesa espresse il proprio entusiasmo anche per l'ideale monastico che Ambrogio aveva proposto alla comunità ecclesiale e alla Chiesa intera: molte donne, giovani e mature, rapite dal fervore del vescovo, si consacrarono a Dio; così successe anche per gli uomini.

Fuori delle mura della città si trovava un monastero *popolato di buoni fratelli che Ambrogio stesso guidava e noi non lo sapevamo* (*Confessioni* VIII, 6, 15).

Tutto questo fervore della Chiesa milanese

spiega l'espressione con la quale abbiamo aperto questo paragrafo: "*E vedeva la Chiesa popolata di fedeli che avanzavano uno in un modo e l'altro in un altro*". Il testo latino porta l'aggettivo *plenam*, cioè piena nel senso di pienezza; una Chiesa impegnata, testimone, come l'ha voluta il suo fondatore, Gesù.

Circolo culturale milanese

Un'altra attività era costituita da un efficiente Circolo culturale che riuniva il fior fiore delle intelligenze cittadine; animato dal colto e pio prete Simpliciano e sostenuto dal vescovo Ambrogio. Un Circolo moderno, diremmo noi, impegnato a coniugare insieme religione a cultura. Di fronte ad una comunità ecclesiale di tale vivacità ed impegno non si poteva rimanere indifferenti. Agostino ne rimase affascinato; allora si accorse di *aver latrato* contro la Chiesa cattolica per troppi anni.

Rapporti di Monica con Ambrogio

Monica amò Ambrogio *come angelo di Dio*, come sorgente da cui scendeva la Parola di Dio perché grazie a lui il figlio Agostino venne messo in crisi, diventò un malato da curare, anzi, un giovane morto come il figlio della vedova di Naim la quale, piangendo, aspettava Gesù Cristo perché

glielo restituisse risuscitato (cfr. *Confessioni* VI, 1, 1).

La vedova di Naim è Monica che piangeva per la morte spirituale del figlio; Ambrogio era lì, medico, altro Cristo, pronto a guarire il malato, a risuscitare il morto. Monica era sicura; il figlio guarirà, risusciterà, si convertirà.

Alla scuola di questa Chiesa Monica poté anche rivedere le proprie pratiche religiose, frutto di consolidate tradizioni locali; anche Milano aveva le sue tradizioni che bisognava rispettare. Monica senza difficoltà vi si adattò: "*Un giorno mia madre, secondo un'abitudine che aveva in Africa, si recò a portare sulle tombe dei santi una farinata, del pane e del vino. Respinta dal custode, appena seppe che c'era un divieto del vescovo, lo accettò con tale devozione e ubbidienza, da stupire me stesso al vedere la facilità con cui condannava la propria consuetudine anziché discutere la proibizione del vescovo*" (*Confessioni* VI, 2, 2).

Si trattava di usanze, chiamate "parentalia", che si celebravano durante il mese di aprile dal 13 al 21, corrispondevano in un certo senso alla nostra Commemorazione dei Defunti del 2 novembre. Scopo della ricorrenza era allora, ed è per noi, sentirsi vicini i nostri morti. Si portavano sulle tombe doni e vivande, che si consumavano insieme. A volte si esagerava e si organizzavano veri e propri banchetti. Per questi abusi le pratiche vennero proibite.

La docilità di Monica nel rivedere questa usanza, Agostino l'attribuì all'amore che Monica portava per Ambrogio, e perché Ambrogio avrebbe riportato Agostino sulla strada giusta. La stima però era reciproca: "*Ambrogio amava mia madre a cagione della sua vita religiosissima, per cui fra le opere buone e con tanto fervore spirituale frequentava la Chiesa*" (*Confessioni* VI, 2, 2).

Agostino e Ambrogio

Quali furono i rapporti che Agostino ebbe con Ambrogio? Agostino stesso ci ha detto del suo amore per il vescovo di Milano già nel primo incontro con lui; in realtà gl'incontri diretti non furono molti. Quante volte Agostino era andato a fargli visita per esporgli i suoi problemi e, dallo spiraglio della porta vedendolo concentrato nello studio, non ebbe il coraggio di disturbarlo. Ma ecco una domanda: sarà stato vero che Ambrogio non si fosse accorto dello sguardo indiscreto di Agostino, oppure, pur essendosene accorto, abbia preferito non incontrare quel giovane professore con tanti problemi nella testa? Non lo sappiamo; per questo rimaniamo su quanto c'è di sicuro. Succedeva che Agostino incontrasse Ambrogio lungo la strada; parlavano, ma il discorso verteva sempre su Monica: "*Spesso Ambrogio, incontrandomi, faceva l'elogio e s'intratteneva con me, felicitan-*

dosi che avessi una tal madre. Ignorava quale figlio avesse lei, dubbioso di tutto ciò e convinto dell'impossibilità di trovare la via della verità" (*Confessioni* VI, 2, 2).

Agostino se ne stava con suoi problemi; però sentiva il desiderio di ascoltarlo; all'inizio per curiosità: voleva realmente sentire dalla viva voce come se la cavava, poiché aveva fama di essere uomo di cultura, dotto e grande oratore. Le parole che destavano curiosità veicolarono e comunicarono anche le idee. Agostino, attento, incominciò prima a simpatizzare, poi ad accogliere quanto con quelle parole veniva detto, fino ad apprendere tante verità che lo aiutarono a rientrare in quella Chiesa da cui si era allontanato e che ora, dietro la predicazione di Ambrogio, riprese ad amare.

Comunque la predicazione di Ambrogio gl'insegnò che: a) la lettura materiale della Sacra Scrittura non basta, *la lettera uccide*, bisogna andare al di là della lettera per scoprire il significato spirituale di essa.

La Sacra Scrittura non è un manuale di scienza ma un libro di vita; b) così, per esempio, la Sacra Scrittura dice che l'uomo è stato creato ad immagine e somiglianza di Dio. Ambrogio spiegava: non è Dio che è come l'uomo, ma il contrario: l'uomo è ad immagine di Dio. Ora Dio è puro spirito, allora la somiglianza con Dio è nello spirito, che pensa e ama.

A questo punto Agostino finalmente prese coscienza delle bugie dei Manichei nei confronti della Chiesa cattolica (cfr. *Confessioni* VI, 3, 4). Liberatosi da queste idee, Agostino riconobbe la Chiesa come la sua casa dove ritrovò calore, amore e salvezza.

Questo cammino sarà accompagnato da due madri. La prima, quella naturale, Monica, la quale lo partorì al mondo il 13 novembre 354 e lo partorì una seconda volta, con dolori indicibili e durati a lungo, quando lo videro allontanarsi da Dio, dolori che poi si sarebbero mutati in gioia per il suo ritorno alla casa del Padre. L'altra madre fu la Chiesa, non meno premurosa di quella naturale, che gli fece conoscere la forza trasformante della grazia redentrice di Cristo; diventando un uomo "nuovo", anch'egli "vaso di elezione", da meritarsi il titolo di secondo "costruttore della fede", dopo San Paolo, apostolo dell'Africa settentrionale e faro di cultura cristiana per l'Occidente.

Due intuizioni risolutive

Vinti i pregiudizi sulla Chiesa, Agostino aprì la fase di ricostruzione della sua vita e del suo pensiero. Combatté lo scetticismo, *rete insidiosissima* perché distrugge l'uomo (nella sua natura di essere umano aperto alla conoscenza della verità) sostenendo che la verità o non esiste o è irraggiungibile, per cui chi si mette sul cammino della ricer-

ca perde solo tempo.

Agostino si convinse che la prima verità da cui si doveva partire per una ricerca sensata era che *la verità esiste* perché è vero che io esisto, è vero che tu esisti. Tutto ciò che "è vero", lo è per la verità.

La *verità* esiste, semmai ci sarà da trovare la "strada" che conduce ad essa; Agostino la trovò nella persona di Gesù, garantito dalle Scritture Sante e dall'autorità della Chiesa.

Ma c'è un'altra verità altrettanto importante: la *fede*. Senza la fede non esistono né vita sociale, né vita familiare, né amicizia. Pensate! Se nelle vostre case dovesse accadere che il marito non si fida più della moglie e la moglie del marito; se i genitori non si fidassero dei figli e viceversa! Sarebbe un vero disastro.

Agostino rifletté su queste conquiste del pensiero, insieme ad Alipio e a Nebridio: erano le loro, tre bocche affamate.

Quando si parla di verità non si tratta solo di esercizio dell'intelligenza, ma di vita; la verità è questione di vita.

L'aiutarono in questo impegno i neoplatonici, filosofi del III secolo dopo Cristo, profondamente convinti che come esiste il mondo della materia, così esiste il mondo dello spirito: Dio è spirito, l'anima è spirituale.

Le prediche di Ambrogio e le conversazioni con il colto prete Simpliciano, reale animatore del Circolo culturale milanese e buon conoscitore del Neoplatonismo, fecero il resto. Agostino lesse i loro libri dai quali apprese il metodo della ricerca.

Ogni ricerca incomincia dall'indagare se stessi, il che vuol dire riconoscersi creatura in rapporto con il Creatore; apprese anche che Dio è una realtà spirituale, così come l'anima umana (cfr. *Confessioni* VII, 10, 16).

I neoplatonici dissero tante altre cose belle ma, secondo Agostino, mancò loro il meglio per la vita.

Non riuscirono a risolvere il problema del rapporto tra l'uomo e Dio. Dio e l'uomo sono due poli che si oppongono: Dio è eterno e l'uomo è nel tempo; Dio è puro spirito e l'uomo è anche materia; Dio è immenso l'uomo è limitato, ecc.

Come accostare i due estremi? Un modo c'è.

I neoplatonici, anche se hanno tentato, non sono riusciti a trovare un "mediatore"; il mediatore è chi non parteggia né per l'uno né per l'altro; è al di sopra delle parti, fa però l'interesse di ambedue le parti.

Il Cristianesimo solo l'ha trovato nel Dio che si fa uomo; come uomo sta con l'uomo, come Dio sta con Dio; Dio è il pilastro che sta dalla parte della divinità, l'uomo è il pilastro che sta dalla parte dell'umanità.

Cosa ci vuole perché i due pilastri possano congiungersi? Ci vuole l'arcata, che nel nostro caso è

l'*umanità di Gesù.*

Allora l'uomo può andare al Padre, ma solo attraverso l'umanità di Gesù (cfr *Rm* 7, 24ss.).

Così i problemi di ordine intellettuale e di ordine spirituale e religioso furono risolti. C'era un ultimo ostacolo: la donna.

Come servire Dio: stando insieme alla donna, formandosi una famiglia, oppure seguendo la proposta del Vangelo di vendere tutto e andare dietro al Signore? La proposta di Gesù l'affascinava, ma aveva paura di non farcela.

In foto: **Agostino incontra sant'Ambrogio**

Matrimonio o celibato?

Era ora di prendere la decisione definitiva: o vivere da cristiano sposato oppure vivere la consacrazione totale al servizio di Cristo. La situazione non era affatto facile. Non si trattava solo di decisione personale, ma c'era di mezzo anche la donna con la quale Agostino aveva convissuto e gli aveva dato un figlio, Adeodato. Inoltre i due si amavano.

Nel frattempo si era venuta a creare una situazione nuova: Agostino era salito molto in alto nella scala sociale, mentre la giovane cartaginese era rimasta una popolana. Le leggi dell'Impero non consentivano tali unioni. A questo punto entrò in scena Monica, totalmente propensa al matrimonio del figlio Agostino.

Scartata l'idea di legittimare l'unione con la giovane cartaginese, perché lo vietavano le leggi dello Stato, cercò una ragazza nella buona società milanese, la trovò, si fece il fidanzamento, bisognava però attendere due anni perché raggiungesse l'età da marito.

L'inserimento di Monica nelle vicende matrimoniali del figlio è stato oggetto di dibattiti e di severe critiche. Alcuni studiosi, come Brown, Schwars, Lettieri ed altri, hanno giudicato Monica *intrigante*, *intollerabile*, *senza cuore*, *autoritaria*. Anzi, sarebbe stata lei a rispedire la ragazza cartaginese in Africa, oppure, per essere più benevoli, avrebbe spinto il figlio a licenziare la ragazza e

farla ritornare in Africa. Riteniamo che questa lettura dei testi di Agostino non sia corretta, e si fa offesa a Monica e ad Agostino in quanto viene attribuito loro un'intenzione che non troviamo nei testi delle *Confessioni*. Ecco i testi di Agostino: il primo: "*Intanto mi si sollecitava instancabilmente a prendere moglie. Così ne aveva ormai avanzata la richiesta e ottenuta la promessa. Chi lavorava in questo senso era mia madre...*" (*Confessioni* VI, 13, 23).

Un altro dice: "*Mi venne strappata dal fianco, quale ostacolo alle nozze, la donna con cui ero solito coricarmi; il mio cuore, a cui era attaccata, ne fu profondamente lacerato e sanguinò a lungo*" (*Confessioni* VI, 15, 25).

Da questi brani appare chiaro che: a) Monica desiderava che il figlio si sposasse; trovò la ragazza e ne ottenne la promessa; b) non fu Agostino, spinto dalla madre, a rimandare in Africa la ragazza che ha sempre amato tanto è vero che essa gli venne strappata dal fianco e il suo cuore sanguinò a lungo. Se Monica avesse fatto la scorrettezza di mandar via la ragazza cartaginese, Agostino ce lo avrebbe detto come ci ha raccontato che la sua madre era stata giudicata"beona".

Pensiamo invece un'altra cosa che ci pare più vicina alla verità: la ragazza alla scuola di Monica (onesta, premurosa, prudente e profondamente religiosa) e alla scuola del suo uomo (Agostino) aveva fatto grandi progressi come donna e come cristiana. Rendendosi conto della situazione reale, capì da sé che la sua avventura era arrivata al capolinea, per motivi non dipendenti né da Monica né da Agostino. Con coraggio prese la decisione di lasciare Agostino e il figlio, *facendo voto a Dio di non conoscere altro uomo;* è stata lei a togliere dall'imbarazzo prima Agostino e poi Monica, e a lasciare il figlio Adeodato all'affetto del padre e alle premure della nonna. Bastano queste parole di Agostino per fare l'elogio della sua donna, forte, eroica; solo con l'eroismo consapevole, responsabile, si possono compiere tali gesti, anche se nel compierli si spezza il cuore. Oltre tutto fu anche un pegno di amore e di fedeltà nei confronti di Agostino: non ci saranno, per la donna amata, altri uomini perché il suo amore sarà solo per Dio, cui consacrerà tutta la propria vita. La stessa sorte toccherà a suo tempo ad Agostino, prima *incapace d'imitare la virtù di una femmina* (la giovane cartaginese), votatosi poi ad una radicale purificazione del cuore, anch'egli farà "voto" al Signore di non voler conoscere più donne.

Monica in tutta questa vicenda ha fatto la parte della madre premurosa per ambedue. Fu tutta questa vicenda a metterla in moto per una sistemazione matrimoniale del figlio, come abbiamo già detto sopra. Dove sono gl'intrighi, le cattiverie di Monica?

Certo, noi non ne sappiamo di più ma i piani di Dio non corrispondono a quelli dell'uomo, essi sono *mirabili e segreti* (*Confessioni* VI, 12,22).

Dio abbassa ed innalza. Come? Non lo sappiamo. La sofferenza indicibile della giovane cartaginese, che lasciò Agostino e il figlio per sempre; Agostino che si sentì *lacerare e sanguinare il cuore* per sua partenza: Monica che partecipò con il cuore di mamma a tali tribolazioni; tutte queste sofferenze segretamente, misteriosamente, furono dirette verso un unico traguardo: la realizzazione di una vocazione per i due (Agostino e la sua donna) che era custodita nel segreto del loro cuore, a macerarsi, a soffrire, a morire, come il seme nella terra, ma pronto a sbocciare. Così nasce la vera vita.

Agostino non sa descrivere questo mistero; le parole umane non gli bastano, deve affidarsi alle parole della Scrittura. Tutto ciò che l'uomo ha, i disagi che soffre, le lacrime che bagnano il terreno della vita, sono tutte materia di sacrificio a Dio: *Ti offrirò un sacrificio di lode* (cfr. *Confessioni* VIII, 1, 1).

Di questo mistero faceva parte anche Monica, donna saggia e prudente. Ella conosceva il dramma del figlio e il sacrificio coraggioso della giovane cartaginese, vi s'inserì anche lei per essere di aiuto ad ambedue, e lo fu, come era accaduto in passato quando accolse la piccola famiglia di Agostino a Cartagine, quando portò con sé la giovane nuora a Milano.

Monica che all'inizio era favorevole al matrimonio del figlio, quando si accorse che l'orientamento di lui era un altro intensificò le sue preghiere; fu così che tutta la famiglia prese coscienza di essere inserita nel piano misterioso di Dio, che a noi non è dato comprendere: "*Non a tutti è dato di capire" (Mt 19, 11),* ha detto Gesù.

La conversione: "*Prendi e leggi, prendi e leggi*"

C'è un proverbio antico che dice: il movimento, verso la fine, è più veloce. Trentatré anni è un periodo abbastanza lungo; periodo di preparazione, ma anche di accelerazione del movimento. Tutto si concluse a Milano: rifiutato lo Scetticismo, abbandonato il Manicheismo, vinto il materialismo, riscoperta la Chiesa–madre, riconosciuta l'autorità delle Scritture, riscoperto il vero volto di Gesù Cristo, Agostino era pronto per il balzo finale. A questo punto la soluzione del problema dipendeva dalla decisione di Agostino e dalla grazia di Dio. Gesù Cristo lo affascinava, ma ancora gli dispiaceva passare per le sue strettoie.

Invitiamo i lettori a dare un attento sguardo al libro ottavo delle *Confessioni,* dove Agostino ha descritto, con la competenza di uno psicologo, la lotta che stavano combattendo dentro di sé due forze: una che lo tirava verso abitudini consolidate (la donna) e l'altra verso ideali più elevati: la consacrazione a Dio.

Un giorno,con l'animo agitato, Agostino si allontanò dal luogo dov'era l'amico Alipio, per non essere osservato, e se ne andò sotto un fico; la testa sopra le ginocchia, le braccia avvinghiate alle gambe, poi le mani nei capelli, come se volesse strapparseli, sono segno di grande agitazione interiore, a ciò seguì un fiume di pianto. A scuoterlo da questo stato di confusione fu una cantilena, che gli pareva venisse da una casa vicina che ripeteva, con la voce di fanciulli: "*Prendi e leggi, prendi e leggi*". Agostino interpretò queste voci come se fossero venute dal cielo; prese le lettere di San Paolo che erano sul tavolo e lesse il primo versetto che gli cadde sotto gli occhi: *Non nelle crapule e nelle ebbrezze, non negli amplessi e nelle impudicizie, non nelle contese e nelle invidie; ma rivestitevi del Signore Gesù Cristo, né assecondate la carne nelle sue concupiscenze (Rm 13, 134).*

Queste parole chiusero definitivamente la vita di prima aprendo la fase nuova, quella dell'uomo rinnovato dalla grazia di Cristo. Alipio continuò la lettura e in quel che lesse vi trovò quanto faceva per al proprio caso: *E accogliete chi è debole nella fede.* Agostino così continua: "*Lo riferì a se stesso, e me lo disse. In ogni caso l'ammonimento rafforzò dentro di lui una decisione e un proposito onesto, pienamente conforme alla sua condotta, che l'aveva portato già da tempo ben lontano da me e più innanzi sulla via del bene. Senza turbamento o esitazione si unì a me"*. Immediatamente si recarono da Monica e le rivelarono la decisione presa: Monica ne gioì; raccontarono lo svolgimento dei fatti: ella ne esultò. E cominciò a benedire il Signore perché può fare più di quanto chiediamo e comprendiamo. Monica vide che il Signore le aveva concesso nei riguardi del figlio molto più di quanto aveva chiesto con tutti i suoi gemiti e le sue lacrime pietose. "*Infatti mi rivolgesti a te così appieno, che non cercavo più né moglie né avanzamenti in questo secolo, stando ritto ormai su quel regolo della fede, ove mi avevi mostrato a lei tanti anni prima nel corso di una rivelazione ; e mutasti il suo dolore in un gaudio molto più abbondante dei suoi desideri, molto più prezioso e puro di quello atteso dai nipoti della mia carne"*[21].

Con l'evento della conversione incomincia una fase nuova della vita di Agostino. Qui ci preme ricordare che in più di qualche occasione egli ha scritto di dovere alle preghiere di sua madre la conversione. Così nel bel testo del libro *La felicità*: "*C'era con noi mia madre, ai cui meriti spetta, come credo, tutto ciò che sto vivendo"* (1, 6), e non è poco. Nel libro, intitolato *L'Ordine* leggiamo: "*Io credo senza incertezze e affermo che per le tue preghiere, (madre), Dio mi ha concesso l'intenzione*

[21] *Confessioni* VIII, 12, 30. Per tutto il capitolo si veda lo studio che ne fa G. Saginario in *Monica mia madre* cit. pp. 184 – 228.

di non preporre, non volere, non pensare, non amare altro che il raggiungimento della verità" (II, 20, 52). Ne *Il dono della perseveranza,* troviamo scritto: "*La mia salvezza fu concessa alle lacrime sincere che tutti i giorni mia madre versava"* (20, 53).

Questi testi ci convincono sempre di più del motivo che ci ha spinto a mettere insieme la vita di Monica con quella di Agostino. Dove c'è Agostino c'è anche Monica, e viceversa: i sospiri, le angosce, i dubbi, le speranze di Agostino sono anche i sospiri, le angosce, i dubbi, le speranze di Monica.

In foto: **Agostino visita Simpliciano, il "Prendi e leggi" e l'annuncio della conversione a santa Monica**

Cassiciaco: Monica madre e maestra di tutti

"(Monica) ebbe cura come se di tutti fosse stata madre e ci servì come se Di tutti fosse stata figlia".

Cassiciaco ci dà la misura del rapporto profondo di Monica con il figlio Agostino. Scomparse le divergenze, ricostituita l'unità tra madre e figlio, ristabilito il binomio di ragione e di fede, finalmente insieme, Monica ed Agostino poterono *correre amando e amare correndo* (*Commento alla prima epistola di San Giovanni.* 9, 9) verso la felicità, Dio.

Dire Cassiciaco è dire presenza di Monica. *I Dialoghi* sono tutti pervasi di questa presenza, sempre discreta e rispettosa, mai invadente, che fa da madre a tutti, servendo tutti: "*Ebbe cura come se di tutti fosse stata madre e ci servì come se di tutti fosse stata figlia*" (*Confessioni* IX, 9, 22).

La profonda comunione che i due vissero a Cassiciaco è commovente: Agostino riservò sempre il primo posto alla madre perché era *ai suoi meriti* che doveva ciò che stava vivendo. Monica non l'aveva solo partorito, non l'aveva solo messo al mondo, ma gli aveva comunicato la **vita**, in senso pieno: intelligenza, volontà, cuore, sensibili-

tà, carattere. Lo aveva generato una seconda volta, piangendo per il dolore e pregando notte e giorno, nel suo cammino di ritorno la fede cattolica.

Nei *Dialoghi* troviamo molti brani su Monica, come donna di casa premurosa per tutti, annoverata dal figlio tra *gli uomini illustri* (a parte il sesso), maestra di verità e di saggezza, donna filosofa di cui Agostino si dichiara discepolo.

Le vacanze vendemmiali di quell'anno coincisero all'incirca con il 23 agosto. Agostino ne approfittò per rinunziare all'insegnamento; si ritirò nella solitudine di Cassiciaco, nella Brianza, dove il grammatico Verecondo possedeva una villa che mise a disposizione sua e dei suoi amici. Ivi, insieme a loro, Agostino si preparò al battesimo lavorando, pregando col proposito di purificare l'animo dai "desideri malsani".

Vi giunse ai primi di novembre del 386 con la madre Monica, il figlio Adeodato, il fratello Navigio, i discepoli Licenzio e Trigezio e i cugini Lastidiano e Rustico, Romaniano e Alipio che facevano la spola tra Cassiciaco e Milano.

La piccola comitiva sotto la guida di Agostino, trascorreva la giornata nel lavoro dei campi, nello studio e nella preghiera, soprattutto nella recita dei Salmi.

Lo studio si espresse nelle discussioni filosofiche, che si svolsero in quindici sedute, su argomenti fondamentali di filosofia; ne nacquero tre

Dialoghi: *Contro gli Accademici* dove si discute il problema della certezza; *La felicità* quello della beatitudine; *L'Ordine* quello dell'ordine dell'universo e del male; *I Soliloqui* ultima opera di Cassiciaco, costituita da un dialogo tra se stesso e la Ragione. Qui Agostino raggiunge le più alte vette della filosofia e della mistica. Egli non era solo un filosofo, ma un filosofo cristiano che si serviva della ragione per approfondire le verità della fede. Conduceva una vita di forte tensione ascetica, cioè faceva penitenza al fine di purificare la propria anima. Una parte importante era riservata alla preghiera. La lunga preghiera all'inizio dei *Soliloqui* non è solo la preghiera di un filosofo, ma soprattutto la preghiera di un cristiano.

Il contatto diretto con la natura gli creava un'atmosfera riposante che favoriva il dialogo sereno ed aperto con gli amici, volto alla ricerca della verità. Le discussioni venivano diligentemente raccolte da uno scrivano che poi Agostino pazientemente rivedeva. Il tipo di dialogo agostiniano si riallaccia alla tradizione di quelli filosofici della classicità (Platone, Cicerone), Agostino però inaugura una forma nuova di dialogo, reale e vissuto, cioè come si è svolto realmente, con le incertezze, le difficoltà, gli scoraggiamenti, gli slanci di un vero dialogo, quindi non costruito a tavolino, inventato. Da ciò il realismo dei dialoghi agostiniani, nuovo e moderno

Monica attenta e decisa donna di casa

La pace di Cassiciaco, tra il verde della terra della Brianza e la luminosità del cielo lombardo, quando non c'è nebbia, fu il segno della pace ritrovata tra Agostino e Monica. La comitiva prese possesso della villa di Verecondo, Monica, come madre di tutti, si fece carico dell'amministrazione della casa: colazione, pranzo, cena, pulizia; Agostino pensò alla programmazione dei temi su cui discutere.

Vediamo subito Monica all'opera: la "scolaresca" era tutta concentrata in una discussione animata; Alipio doveva parlare dell'origine della Nuova Accademia (così si chiamava la scuola scettica di cui si stava parlando); sebbene fosse ora del pranzo loro avrebbero voluto continuare, ma Monica richiamò tutti al dovere: "*Mia madre, eravamo già in casa, cominciò a sospingerci alla mensa. Ci mancò il tempo di dire altro. Mangiammo con tanta frugalità quanto fosse sufficiente a far tacere lo stimolo della fame e ritornammo sul prato*" (*Contro gli Accademici* II, 5, 13 – 6, 15).

Il compito di Monica non fu solo quello di preparare i pasti e mantenere casa pulita; Agostino ben sapeva che sua madre aveva un'intelligenza viva e desiderosa di conoscere le cose di Dio; la lunga convivenza con lei glielo aveva insegnato: Monica aveva una predisposizione innata per i grandi temi filosofici, perché aveva riscontrato che essi (la verità, la felicità, l'ordine nell'universo) facevano riferimento a Dio; per questo motivo, scrive il figlio: "*avevo fatto in maniera che non mancasse al nostro colloquio*"(*L'Ordine* II, 1, 1).

Anzi, Agostino nel fare l'elenco dei presenti nel giorno del suo compleanno *(13 novembre 386)* incominciò la lista proprio con sua madre: *c'erano, prima di tutto mia madre, ai cui meriti spetta, come credo, tutto quello che sto vivendo,* poi così conclude la lista dei nomi: "*Con noi era anche Adeodato, il più piccolo di tutti. Egli ha tuttavia un ingegno che, salvo errore dovuto all'affetto, promette grandi cose*" (*La felicità* 1, 6).

Dopo la conversione di Agostino, costituitasi la piccola comunità di amici, Monica vi assunse da subito il ruolo di madre attenta e premurosa, che considera tutti della sua famiglia. Quindi, dopo la decisione del figlio di abbandonare tutto per seguire il Signore, quando giunsero a Cassiciaco Monica non fece altro che continuare l'impegno assunto.

Da queste poche righe si comprende come ella, anche per volere di Agostino, si fosse inserita proprio dentro la comunità di studiosi, dando non solo il contributo della massaia premurosa, ma anche quello della donna che nelle discussioni filosofiche la sa lunga.

Monica tra filosofi

Chi è il filosofo? È colui che cerca e ama la sapienza, ama cioè quanto serve perché la sua vita sia "gustosa", "saporita", degna di essere vissuta, improntata a quei principi di onestà, di rettitudine che la rendono gradita a Dio e agli uomini. Allora filosofo non è colui che dice cose incomprensibili, ma colui che s'interroga sul senso della vita e le dà un significato. Anche tu sei filosofo/a, come lo fu Monica che, pur non avendo studiato come il figlio Agostino ragionava e ricercava, con il buon senso della cristiana che si unisce a Dio nell'impegno della vita di ogni giorno. Questa è la Monica filosofa di cui parla Agostino nei *Dialoghi* di Cassiciaco. Così il figlio ce la descrive: i giovani filosofi di Cassiciaco stavano discutendo sul "saggio", colui cioè che possiede la saggezza; la discussione si era interrotta per pranzo ed ora, riuniti nel prato, sotto un sole splendente, ricominciarono il dibattito. Agostino c'informa: *C'era anche mia madre. Ne avevo notato, a causa della lunga convivenza e di una continua attenzione, le belle doti e l'anima ardente per le cose di Dio;* aspetti che egli aveva notato in occasione di un'altra discussione sulla *Felicità*; fu allora- continua- che *mi si manifestò la sua intelligenza in maniera tale da farmi ritenere che non ve n'era altra più idonea alla vera filosofia* (*L'Ordine* II, 1, 1). Infatti, proprio discutendo sulla beatitudine, l'attenzione dei partecipanti venne rivolta al nutrimento dell’anima: non si nutre solo il corpo, ma anche lo spirito. Qui Monica fece il suo intervento che Agostino ci ha tramandato come già ricordato: era il giorno del suo trentaduesimo compleanno, Monica entrò in argomento e disse che l’anima, l’intelligenza si nutrono di scienza cioè di conoscenze. Il giovane Trigezio non ne fu molto convinto; Monica però si mise ad osservarlo mentre era a tavola: il giovane mangiava, si vedeva però che la sua mente era altrove, Monica gli disse: vedi, Trigezio, tu stai pranzando, stai mangiando il cibo materiale, mentre la tua mente sta altrove, cioè sta nutrendo la tua anima di un cibo che non è uguale a quello che hai sul piatto, perché quel cibo è la verità che tu cerchi (cfr. *La felicità* 2, 8).

Un altro giorno, è sempre Agostino che racconta, si stava discutendo sulla felicità; argomento che da sempre ha interessato l’uomo di tutti i tempi e di ogni luogo: *Noi desideriamo essere felici*. Si, è vero; ma non basta desiderare, bisogna sapere che cosa si desidera. “*Mia madre* – scrive Agostino – *intervenne:” Se desidera e consegue il bene è felice; se poi desidera il male, ancorché lo raggiunga, è infelice”. Ed io, sorridendole con espressione di gioia, le dissi: Madre mia, decisamente hai raggiunto la vetta della filosofia. Ti è mancata la terminologia per poterti esprimere come Tullio (Cicerone) che ha scritto sull’argomento le parole*

seguenti [...]: desiderare infatti ciò che non conviene è somma infelicità" (*La felicità* 2, 10).

Desiderare ciò che non è buono, onorevole, giusto, vuol dire desiderare ciò che cattivo; e questo è cattivo, sconveniente, indecoroso.

Gli interventi di Monica non cessano di stupire; discutendo ancora sulla felicità, il discorso viene portato sul significato di "privazione" e di "pienezza". In altre parole: chi è felice? Chi ha tutto ciò che deve avere per esserlo. Se a costui manca qualcosa, cioè "è privato" di qualcosa che invece ci vuole per essere felice, è infelice. Non è sufficiente possedere i beni materiali poiché potremmo esserne privati anche se non vogliamo: viene un ladro e ce li porta via contro la nostra volontà. Mentre è saggezza riporre la felicità in ricchezze che nessuno può toglierti, come la verità, la saggezza, i beni dello spirito (cfr. *La felicità* 4, 27).

La felicità allora è nel cuore; nel cuore s'incontra la Sapienza di Dio: *Dunque è felice chi ha Dio* (cfr. *La felicità* 4, 34).

In questa vita siamo in cammino, cerchiamo e se cerchiamo vuol dire che ancora non possediamo, perciò *non siamo pienamente saggi.* Camminiamo però per esserlo. Monica, dopo aver pregato con *un versetto di un inno del nostro vescovo* (Ambrogio): "O Trinità, proteggi coloro che t'invocano" *soggiunse: "La felicità consiste senza dubbio nel raggiungimento del fine e si deve aver fiducia che ad esso possiamo essere condotti da una ferma fede, da una viva speranza da un'ardente carità"*(*La felicità* 4, 35).

Come se Monica volesse dirci: non pensate di essere felici qui in terra, però se camminerete vivendo di fede, sostenuti dalla viva speranza di trovare, e farete tutto con amore, cioè con l'aiuto di Dio e l'impegno vostro, possiederete la felicità.

Monica filosofa e Agostino discepolo

Dopo questi argomenti, i giovani filosofi passarono ad un altro argomento: l'ordine dell'universo. Monica entrò e chiese quali risultati erano stati raggiunti nelle discussioni. Agostino si premurò di avvertire gli stenografi perché annotassero l'ingresso di Monica e le sue domande.

Eccone una "*Ma che fate?- disse-.*

Ho forse mai sentito dire che nei libri da voi letti anche le donne sono invitate a simili discussioni?!".

Agostino intervenne per precisare che filosofo, cioè colui che ricerca e ama la sapienza, può essere sia il ricco che il povero, sia l'uomo che la donna. La storia della cultura ci ha tramandato che anche tra i ciabattini ci sono stati filosofi bravi: "*Inoltre anche le donne, secondo la tradizione classica, hanno atteso alla filosofia. Infine la tua filosofia mi piace".*

La filosofia vera è "amore della sapienza, cioè di Dio". La saggezza di questo mondo non è affatto saggezza perché s'interessa dei beni materiali; inoltre questo mondo materialistico è pieno di malvagità.

La filosofia vera è quella che ricerca e ama la sapienza: *"Tu ami la sapienza più di quanto ami me, e so quanto mi ami, e in essa hai tanto progredito che non ti lasci atterrire dalla paura di una eventuale sventura e perfino della morte"*.

Il vero filosofo infatti, secondo gli antichi, non ha paura della morte; la forza immortale dello spirito si mette davanti alla morte, la domina e le fa sapere che essa può anche portare via il corpo, ma l'anima no. Agostino vuol dire alla madre, tu sei tra questi filosofi, *"Ed io non dovrei consegnarmi a te come discepolo? A questo punto, con espressione gentile e caritatevole, mi rispose che io non avevo mai detto tante bugie"* (*L'Ordine* I, 11, 31 - 33).

Gli elogi che Agostino faceva a sua madre non erano affatto adulatori, ma pieni di sincerità, in quanto a lei doveva tutto.

Oggettivamente, la sapienza di Monica è la sapienza del Vangelo, della semplice donna che non ha studiato sui libri ma ha fatto esperienza di Dio, ha dato testimonianza evangelica nella quotidianità; la sua sapienza non è di questo mondo, è quella sapienza che rende la vita saporita cioè degna di essere vissuta.

Non si tratta perciò di belle parole, termini tecnici, scientifici, perché la filosofia non è "chiacchiera", ma esperienza di vita.

È gradevole sentir parlare bene, ma ciò che realmente interessa per la vita è la sostanza di ciò che si dice.

Allora Agostino ancora si rivolge a Monica: "*A te soprattutto, o madre, affidiamo il ruolo che i nostri desideri si adempiano nella fede. Io credo senza incertezze e affermo che per le tue preghiere Dio mi ha concesso l'intenzione di non preporre, non volere, non pensare, non amare altro che il raggiungimento della verità. E continuo a credere che le tue richieste conseguiranno quel bene tanto grande cui abbiamo per i tuoi meriti aspirato*" (*L'Ordine* II, 20, 52).

Ritorno a Milano e battesimo di Agostino

Cassiciaco fu il luogo di preparazione al battesimo: si erano esercitati in discussioni filosofiche, avevano nutrito il loro spirito recitando e cantando i salmi e gl'inni composti e musicati da Ambrogio stesso, che Agostino ha voluto rievocare così:

"*Quali grida, Dio mio, non lanciai verso di te leggendo i salmi di Davide, questi canti di fede, gemiti di pietà contrastanti con ogni sentimento d'orgoglio! Novizio ancora al tuo genuino amore, catecumeno raccolto in villa col catecumeno Ali-*

pio ***e la madre stretta al nostro fianco, muliebre nell'aspetto, virile nella fede, vegliarda nella pacatezza, materna nell'amore, cristiana nella pietà,*** *quali grida non lanciavo verso di te leggendo quei salmi, quale fuoco d'amore per te non ne attingevo! Ardevo del desiderio di recitarli, se avessi potuto, al mondo intero per abbattere l'orgoglio del genere umano. Ma lo sono, cantati nel mondo intero, e nessuno si sottrae al tuo calore"* (*Confessioni* IX, 4, 8).

Ritornato a Milano, Agostino chiese di essere iscritto nell'elenco dei catecumeni, cioè di coloro che si preparavano al battesimo. Si era agli inizi della Quaresima del 387, che quell'anno cadeva il 10 marzo e la Pasqua il 25 aprile. Insieme ad Alipio, profondamente convinto della scelta fatta di ritornare a Milano calcando *il suolo italico ghiacciato,* in segno di penitenza, Agostino si dispose a ricevere il battesimo; con loro c'era anche Adeodato, allora quindicenne; parteciparono alle catechesi che Ambrogio in persona teneva durante l'intera Quaresima, preparandosi al battesimo.

Vennero battezzati nella notte del Sabato Santo, tra il 24/25 aprile, dal vescovo di Milano, Ambrogio: "*E fummo battezzati, e si dileguò da noi l'inquietudine della vita passata"*.

Parole brevi ma efficaci, che contengono il mistero del peccato dell'uomo e la grazia rigeneratrice del battesimo che, liberando, salva.

La gioia del figlio per la grazia ritrovata fu anche la gioia della madre. Solo le madri conoscono fino in fondo il dolore che si prova inseguendo i figli, o fisicamente o con il cuore, perché non prendano strade sbagliate!

Agostino si era perduto per sentieri che lo portarono lontano dalla retta via ma, aiutato dalla grazia divina, dalle preghiere di sua madre Monica, dall'esempio di tanti altri convertiti, è ritornato a casa, ha ritrovato la verità; con il battesimo è risorto con Cristo e con accanto alla madre, hanno goduto insieme la pace del cuore.

In foto: **Battesimo e vestizione di sant'Agostino**

L'estasi di Ostia

"La cogliemmo un poco
con lo slancio totale della mente,
e, sopirando, vi lasciammo avvinte
le primizie dello spirito".

La piccola comunità, che si era costituita intorno ad Agostino, dopo il battesimo, decise di ritornare in Africa. Qui avrebbe realizzato il progetto di vita comune, tentato a Milano e presto naufragato, ma riproposto a Cassiciaco con ottimi risultati. A Tagaste sorgerà il primo abbozzo di monastero, con il proposito di vivere alla maniera degli Apostoli.

La partenza da Milano avvenne verso la fine dell'estate di quello stesso anno 387. La pausa di Ostia doveva servire da riposo per il lungo e faticoso viaggio, in attesa della nave che avrebbe condotto tutti in Africa. Monica, dopo la grande esperienza mistica insieme al figlio, si ammalò e nel giro di pochi giorni, morì. Era il mese di ottobre del 387[22].

A questo punto Agostino scrive di tralasciare molti fatti per la fretta, però non vuole tralasciare il ricordo commosso di sua madre, sempre al suo fianco, pronta a sostenerlo anche con preghiere e lacrime nei momenti di bisogno.

---

[22] Cfr O.PERLER, *Les voyages de saint Augustin* cit. p. 146.

Rievocandone la figura come abbiamo già sottolineato altrove, le ha eretto un monumento per i posteri, l'ha resa indimenticabile. È la rievocazione di un figlio che è insieme genio, pensatore, poeta e santo.

Il brano nel quale Agostino descrive l'estasi di Ostia è una delle più belle pagine da lui scritte; in esse s'incontrano, in stupenda sintesi, le sublimi esperienze spirituali con accenti di alta e profonda poesia: "*All'avvicinarsi del giorno in cui doveva uscire di questa vita... accadde che ci trovassimo lei ed io soli, appoggiati a una finestra prospiciente il giardino della casa che ci ospitava, là, presso Ostia Tiberina, lontani dai rumori della folla, intenti a ristorarci dalla fatica di un lungo viaggio in vista della traversata del mare. Conversavamo dunque soli con grande dolcezza... Parlavamo della vita eterna dei santi... Aprivamo avidamente la bocca del cuore alla fonte della vita, che è Dio, per esserne riempiti. Condotto il discorso a questa conclusione: che di fronte alla giocondità di quella vita il piacere dei sensi fisici, è niente; salimmo sù sù, fino alla Sapienza immortale.*

E mentre ne parlavamo e anelavamo verso di lei, ***la cogliemmo un poco con lo slancio totale della mente, e sospirando vi lasciammo avvinte*** **le primizie dello spirito** *(= la parte più elevata dello spirito umano) (Rm 8, 3), per ridiscendere al suono vuoto delle nostre bocche, ove la parola ha principio e*

fine. E cos'è simile alla tua Parola, il Signore nostro, stabile in se stesso senza vecchiaia e rinnovatore di ogni cosa (cf Sap 7, 27)?" (*Confessioni*, IX, 10, 23 - 24).

L'estasi di Ostia è stata fatta oggetto di molti studi. Noi non seguiremo le discussioni al riguardo, preferiamo lasciarle ai dotti; a noi è sufficiente capire quanto basta per saperne sufficientemente, e goderne la dolcezza, per essere stimolati ad imitare, per quanto è nelle nostre possibilità, Agostino e Monica. Siamo convinti che madre e figlio siano stati due grandi mistici; anzi, qualche studioso non ha dubitato di chiamare Agostino "il principe dei mistici".

Mistico è colui che, attraverso la preghiera intensa si unisce profondamente a Dio da dimenticare ciò che lo circonda; si dice allora che è l'**estasi.** Infatti il significato della parola "estasi" è proprio quello di dimenticare tutto ciò che c'è attorno.

Agostino e Monica affacciati alla finestra della casa che li ospitava, contemplando le bellezze del creato e la bellezza dentro l'uomo, hanno scrutato la profondità del loro mondo interiore e vi hanno scoperto l'immagine e somiglianza di Dio impressa nel cuore dalla creazione.

L'hanno vista e riconosciuta. Si sono scoperti "simili" a Dio nel pensiero e nell'amore. Hanno percepito la somiglianza ma hanno anche scoperto che la Realtà, Dio, è altra cosa dall'immagine, perché Dio è la felicità. Fu solo un attimo, sufficiente però per gustare la gioia di essere uniti profondamente a Lui.

Unirsi a Dio è l'**estasi**, fissare lo sguardo dello spirito sull'oggetto del proprio desiderio, diventare una cosa sola con esso; come il ferro messo nel fuoco prende le caratteristiche del fuoco (illumina, riscalda, brucia) così l'uomo che si unisce a Dio prende le qualità di Dio, perché *Ciascuno è ciò che ama,* cioè la forza dell'amore è unificante, fa essere una cosa sola con l'oggetto del nostro desiderio (*Commento alla lettera prima di S. Giovanni,* 2, 14).

Non è inutile rilevare che l'estasi di Ostia non è una vicenda accaduta per caso e a caso narrata; (Agostino non scrive mai a caso) ma un evento che ha avuto una lunga e diuturna preparazione durata circa trentatré anni, e conclusasi con l'estasi, il punto più alto della preghiera di contemplazione.

In foto: **L'arrivo ad Ostia**

Malattia e morte di Monica

"Al giorno nono della sua malattia..., quell'anima pia, fu liberata dal corpo"

La conversione di Agostino al monachesimo, l'esperienza di vita della piccòla comunità di Cassiciaco che pregava i salmi, studiava e discuteva sui massimi temi della filosofia, l'esperienza dell'estasi ad Ostia in attesa del ritorno in Africa, avevano ricolmato di felicità il cuore di Monica. Queste esperienze erano solo un assaggio, un antipasto, in attesa del convito che avrebbe, presto, gustato in cielo. Monica se lo sentiva: "*Figlio mio* - disse - *per quanto mi riguarda, questa vita non ha più alcuna attrattiva per me. Cosa faccio ancora qui, lo ignoro"*.

Oramai riteneva la sua missione finita. Il figlio perduto, era stato ritrovato. Il Signore nella sua generosità aveva premiato la serva fedele: "*Una cosa sola c'era* - disse Monica ad Agostino - *che mi faceva desiderare di rimanere quaggiù ancora per un poco: il vederti cattolico prima di morire. Il mio Dio mi ha soddisfatta ampiamente, perché ti vedo disprezzare la felicità terrena per servire Lui. Cosa faccio qui?"* (*Confessioni* IX, 11, 27 - 28).

Monica era pronta per il cielo. La donna "forte nella sua pietà" era giunta al termine della corsa;

ce l’aveva detto la sicurezza della sua fede, il distacco dalle cose terrene: la morte infatti non le faceva più paura; per lei non era la fine di tutto ma l’inizio di una nuova vita, la vita eterna: traguardo finale di un lungo e travagliato cammino, pieno però di una sicura speranza nella Risurrezione di Gesù.

Voler essere seppellita vicino al marito, servito perché amato, era il suo antico desiderio. L’intelligenza e la maturità della fede l’avevano convinta che Dio è tutto e che il corpo dove sta, sta bene: “*Allora, seppellirete qui (*ad Ostia*) vostra madre”*. E al figlio Navigio, che aveva espresso l’augurio che la morte non la cogliesse in terra straniera, ma in patria, rispose guardandolo con sguardo severo: “*Seppellite questo mio corpo dove che sia, senza darvene pena. Di una sola cosa vi prego: ricordatevi di me, dovunque siate, davanti all’altare di Dio”*.

Dopo queste parole, Agostino espresse la sua *gioia e ammirazione:* la madre infatti aveva superato l’umana debolezza della sepoltura vicino al marito, nella sua patria.

Le parole le “*Ormai cosa faccio qui?”* rivelarono ad Agostino la convinzione della madre che il Signore l’aveva ormai tanto purificata per cui non si curava più delle cose terrene. Essere vicini a Dio è essenziale al cristiano perché: “*Nulla è lontano da Dio, e non v’è da temere che alla fine del mondo egli non riconosca il luogo da cui risuscitarci” (*cfr. *Confessioni* IX, 10, 23 - 25).

Morte di Monica

Abbiamo detto che Monica si ammalò mentre attendeva la nave che l'avrebbe riportata in Africa: "*Al nono giorno della sua malattia, nel cinquantaseiesimo della sua vita, trentatreesimo della mia, quest'anima ardente e pia fu liberata dal corpo. Le chiudevo gli occhi, e una tristezza immensa si addensava nel mio cuore e si trasformava in fiotto di lacrime*".

Il dolore per la perdita di una persona amata è un sentimento profondamente umano, che tutti conosciamo e che conoscono anche i santi, dolore non tanto per chi muore quanto per chi resta. Agostino non faceva certo eccezione a questa regola. Tutti piangevano la morte di Monica; le lacrime del nipote Adeodato erano incontenibili e quelle di Agostino uscivano a "fiotti"; ma la presenza del suo spirito a se stesso gli diceva di contenerle, perché: *"ci sembrava davvero non conveniente celebrare un funerale come quello fra lamenti, lacrime e gemiti. Così si suole piangere in chi muore una sorta di sciagura [...]; ma la morte di mia madre non era una sciagura e non era totale. Ce lo garantivano la prova della sua vita e una fede non finta e ragioni sicure"*.

Queste parole di Agostino, di grande tenerezza, sono le parole di un figlio addolorato per la morte della propria madre, ma piene di dolce speranza; la madre era morta nel corpo, ritornato alla terra da dove era stato tratto, ma il suo spirito viveva, era presente non solo nel cuore ma anche nella casa. I morti sono sempre presenti al nostro fianco, ne sentiamo la vicinanza nel "ricordo" che essi ci

lasciano, non come un fatto passato ma come una "memoria" viva che si protrae anche al presente.

Il senso di quel "fiotto" di lacrime che scendevano dagli occhi di Agostino stava nel fatto che il

In foto:
Morte di santa Monica

corpo morto di sua madre era lì davanti a lui; il suo pensiero e il suo cuore però andavano ai ricordi, pieni di nostalgia per a*ver vissuto in dolce e cara consuetudine di vita comune,* che la morte aveva interrotto ma non aveva cancellato.

Le ultime parole di Monica l'avevano consolato, "*quando, inframmezzando con una carezza i miei servigi, mi chiamava buono e mi ripeteva con grande effusione di affetto di non aver mai udito uscire dalla mia bocca una frecciata dura o una parola offensiva al suo indirizzo".*

Questa era stata Monica, che aveva tanto sofferto a causa del figlio più di quanto il figlio abbia potuto soffrire per lei.

Ora che Monica non c'era più "*la mia anima rimaneva ferita e la mia vita* – continua Agostino - *che era stata tutt'uno con la sua rimaneva come lacerata".*

Mai Agostino ci è apparso tanto umano come in questa circostanza dolorosa!

Mentre altri si occupavano del funerale egli stette con gli amici, parlando con loro di come il cristiano si deve comportare di fronte alla morte. La compostezza e la serenità del suo volto non tradivano il tumulto del suo cuore ma, ci dice Agostino, "*io solo sapevo cosa tenevo compresso nel cuore".* E questo sforzo gli procurò un nuovo dolore, quello cioè di contenere la sofferenza dentro di sé senza sfogarsi, che si aggiungeva a quella della

morte di sua madre. Agostino riuscì a trattenere le lacrime durante il funerale e le preghiere e la Messa; la tristezza fu tanta che pregò ardentemente il Signore *di guarire il suo dolore.*

Il bagno che fece poi (gli antichi dicevano che il bagno toglieva ogni affanno), non lavò via dal suo cuore l'amarezza dell'afflizione.

"*Dopo il bagno stavo come prima del bagno, poiché non avevo trasudato dal cuore l'amarezza dell'afflizione. In seguito dormii. Al risveglio notai che il dolore si era non poco mitigato. Solo, nel mio letto, mi vennero alla mente i versi così veri del tuo Ambrogio:*

Tu sei proprio
Dio creatore di tutto
Reggitore del cielo,
che il dì di luce, e di grato
sapor la notte adorni,
sicché il sonno sciolga
e ristori gli arti,
ricrei le menti stanche,
disperda ansie e dolor.

Privato di lei così, all'improvviso, mi prese il desiderio di piangere... lasciai libere le lacrime, che trattenevo, di scorrere a loro piacimento, stendendole sotto il mio cuore come un giaciglio, su cui trovò riposo... Ora, Signore, ti confesso tutto ciò su queste pagine. Chi vorrà le leggerà, e le interpreti come vorrà. Se troverà che ho peccato a piangere mia madre per piccola parte di un'ora, la mia madre frattanto morta ai miei occhi, che per tanti anni mi aveva pianto affinché vivessi ai tuoi, non mi derida. Piuttosto, se ha grande carità, pianga anch'egli per i miei peccati davanti a te, Padre di tutti i fratelli del tuo Cristo"(*Confessioni* IX, 11, 27 - 28).

La tomba di Monica

Il corpo di Monica venne tumulato nei pressi della chiesa di S. Aura ad Ostia Tiberina. Agostino si dovette fermare quasi un anno a Roma. L'imprevisto di Monica fece perdere la nave che avrebbe ricondotto in patria lui e la compagnia di amici che erano con lui. La lunga permanenza a Roma gli avrà dato l'occasione di visitare il sepolcro di sua madre; senz'altro lo fece quando, l'anno successivo (388), s'imbarcò per ritornare in Africa.

Dopo questa partenza Agostino non ritornerà più in Italia. Il ricordo di sua madre rimarrà scolpito nel suo cuore per sempre: non poteva dimenticare una madre tanto amata, alla quale doveva la vita fisica e spirituale.

Questo affetto devoto e riconoscente lo accompagnerà per tutta la vita.

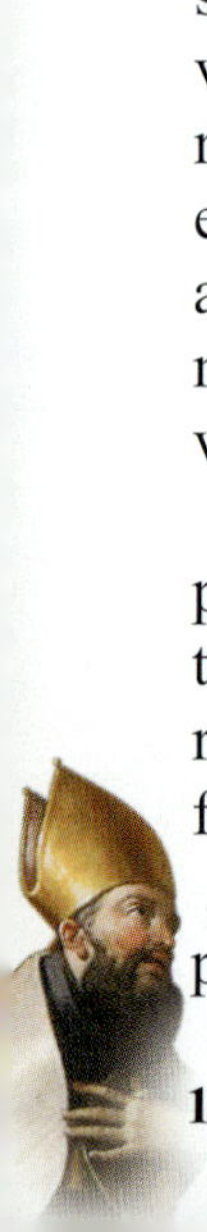

Verso l'anno 400 Anicio Achenio Basso fece incidere su marmo una scritta commemorativa di Monica, di cui riportiamo la traduzione italiana:
Qui lasciò le ceneri la tua castissima madre,
o Agostino, nuova luce ai suoi meriti
Tu, sacerdote fedele alle celesti
prerogative della pace,
Ammaestri nei costumi i popoli a te affidati
Gloria somma v'incorona:
la lode delle vostre opere
La virtuosissima madre più beata
a causa del figlio[23] .

Nel 1945 venne scoperta da padre Antonio Casamassa un frammento della lastra marmorea su cui erano incisi i versi di cui sopra; secondo lui la lastra sarebbe proprio quella fatta porre dallo stesso Agostino sul sepolcro di Monica.

Nel 1430, le reliquie del corpo di Monica vennero trasferite da Ostia nella chiesa di S. Trifone, oggi chiesa di Sant'Agostino in Campo Marzio a Roma, sotto il pontificato di papa Martino V; una Bolla pontificia dello stesso pontefice lo attesta: "*...abbiamo concesso licenza di trasferire il corpo*

---

[23] A. CASAMASSA, in Atti della Pontificia Accademia Romana di Archeologia, s. III, "Rendiconti" 27 (1952-1954), pp.271-273; riprodotto in Scritti patristici,"Lateranum" (1955), pp. 217 - 218.

della beata Monica, madre di s. Agostino, dalla nostra città di Ostia, dove era stato sepolto e custodito, alla chiesa dei frati di S. Agostino, e di seppellirlo e custodirlo in detta chiesa; e di fatto con la dovuta riverenza il 9 aprile dell'anno 1430, domenica delle Palme, vi fu trasferito e sepolto". Maffeo Vegio per l'occasione compose questa scritta che riportiamo in traduzione italiana:

La santa madre di Agostino qui venera
ed offri preghiere al sacro tumulo
dove giace quella Monica
che un tempo il figlio
ora il mondo intero
soccorre e con le sue preghiere aiuto dona".

Nel 1566 il sarcofago di santa Monica fu collocato nella cappella a lei dedicata.

Nel 1740, dopo la ricognizione, i suoi resti furono riposti in un'urna verde sotto l'altare della stessa cappella, custoditi e venerati dai frati agostiniani e dai fedeli.

Il culto di santa Monica deve molto alla solerzia e alla devozione dei Canonici Regolari di S. Agostino prima e degli Agostiniani poi. Il nuovo calendario ne celebra la memoria il 27 agosto, vigilia della festa di suo figlioAgostino. I frati agostiniani ne celebrano la festa il 4 maggio.

Santa Monica viene venerata dai fedeli come protettrice delle madri cristiane, soprattutto di quelle madri, e non sono poche, in ansia e difficoltà nei confronti dei loro figli, specialmente oggi.

In foto: **Morte di santa Monica**

La grandezza di Monica

"Muliebre nell'aspetto,
virile nella fede,
vegliarda nella pacatezza,
materna nell'amore,
cristiana nella pietà".

Riassumere in poche righe una personalità grande come quella di Monica non è facile. Agostino ci racconta di lei a lungo, e in modo mirabile, nel libro IX della *Confessioni,* iniziando così: "*Tralascio molti avvenimenti per la fretta che mi pervade [...]. Ma non tralascerò i pensieri che partorisce la mia anima al ricordo di quella tua serva, che mi partorì con la carne a questa vita mortale e col cuore alla vita eterna*". La sintesi di questa narrazione la troviamo nel libro VI.

Agostino era arrivato a Milano contento della carriera, ma con il cuore in tumulto ed infelice perché vedeva la strada di ricerca della verità allontanarsi sempre più dal suo orizzonte. La madre, compagna di pellegrinaggio del figlio errante, era sempre più preoccupata e trepidante per la sua sorte spirituale, tuttavia la fiducia in Dio le dava la certezza che le proprie lacrime si sarebbero mutate in gioia: il Signore ci dà sempre più di quanto gli chiediamo.

Agostino percepisce l'affetto materno e per esso esprime gratitudine tratteggiando con tre pennellate (tre parole), da artista riconoscente, la personalità della madre Monica, chiamandola *mater pietate fortis* (madre forte nella pietà). Solo un genio come quello di Agostino ha potuto tracciare un ritratto che non ha confronti. Commentare queste tre parole significa riscrive daccapo l'intera vita di Monica, cosa che non faremo , mentre vogliamo riproporvi le espressioni ammirate del figlio Agostino sulla personalità della madre così come la troviamo descritta nel libro IX delle *Confessioni*: *"Novizio ancora al tuo genuino amore,*
catecumeno ozioso in villa
col catecumeno Alipio
e la madre stretta al fianco,
muliebre nell'aspetto,
virile nella fede,
vegliarda nella pacatezza,
materna nell'amore,
cristiana nella pietà [...].
Vedova casta e sobria,
assidua nelle elemosine
devota e sottomessa ai tuoi santi
(sacerdoti, vescovi),
che non lasciava passare giornata
senza dare l'offerta al tuo altare,
che due volte al giorno,
mattina e sera,

visitava la tua chiesa
non per chiacchierare con le altre donne,
ma per udire le tue parole
e farti udire le sue orazioni".

Aggiungiamo solo una breve spiegazione per aiutare i lettori nell'esame di queste espressioni: Agostino si era convertito da poco, per questo si definisce "novizio"; si era già iscritto nel libro dei "catecumeni", cioè di coloro che nella notte del Sabato Santo avrebbero ricevuto il battesimo; la madre gli era accanto con tutte le premure affettuose di una mamma; la bellezza armoniosa e composta del suo volto femminile faceva vedere in filigrana la forza di carattere, ma anche la genuinità della fede, che era diventata robusta nelle dure prove della vita. Monica è chiamata *vegliarda nella fede:* Agostino vuole dirci che la madre era diventata così saggia e matura da ispirare fiducia e venerazione in chi l'accostava; era inoltre *materna nell'amore*: in queste parole si trova racchiuso tutto l'amore che solo la madre sa dare, amore che abbiamo chiamato "viscerale": i figli, per lei madre sono letteralmente carne della sua carne.

Il ritratto però non è completo, Agostino vi aggiunge un'altra pennellata che dà il tono a quanto ha scritto sopra: la religiosità che la fa chiamare *cristiana nella pietà.* Questa espressione coincide nel significato con l'altra: *Madre forte nella pietà;* "pietà" è termine religioso carico di significato; è

una virtù, e come tale è dono di Dio e insieme impegno della persona che la esercita. Il grado sommo della virtù della pietà è l'amore, nel suo significato genuino di amore di Dio e amore del prossimo. Tanti hanno scritto sulla propria madre, come Agostino pochi. Egli, filosofo e poeta, storico e teologo, uomo d'azione e mistico, genio della mente, ma non meno genio della santità, ha scritto cose sublimi di sua madre. La madre gli ha dato tutto: *A lei debbo tutto ciò che sono*: intelligenza acuta, intuizione, sensibilità, forte volontà, tenacia; e non è poco. Di questa madre elogia la fedeltà coniugale, l'impegno di portatrice di pace in casa e fuori; la madre impareggiabile, la maestra nella fede, premurosa nell'esortare, forte nel riprendere, amorosamente gioiosa nell'abbracciare il figlio che ritorna nella casa del Padre. Monica è la madre che, pur lontana, si fa vicina al figlio distante con la preghiera e le lacrime. È donna che soffre perché il figlio è lontano da Dio, che freme quando lo vede insoddisfatto o malato. Sempre lei. È una santa, figlia della Chiesa, assetata della Parola di Dio, innamorata di Gesù, devotissima ad Ambrogio che venera come un santo.

Monica ha sempre desiderato la conversione del figlio, ma il Signore era andato oltre le sue speranze e le aveva concesso molto di più di quanto avesse richiesto. A Cassiciaco diviene la madre di tutti, la casalinga che prepara da mangiare, la maestra che dal pulpito della semplicità sa dire la sua anche su problemi di filosofia, tanto da meritarsi l'elogio del figlio: *Madre hai raggiunto la vetta della filosofia.* La sapienza di Monica è quella semplice del Vangelo, è la sapienza che si conquista con l'esercizio delle virtù; è la sapienza dei santi.

Dio premiò la costanza e la santità di Monica: le diede modo di godere qui in terra, prima di morire, *le primizie dello spirito* nell'estasi di Ostia Tiberina, quando la mente e il cuore della madre e del figlio per un attimo gustarono "quanto buono e dolce è il Signore". Poi ridiscesero al suono delle parole umane, che hanno principio e fine (*Discorso* 325, 1).

Chi vuole godere la gioia di un panorama dall'alto di una montagna deve prima salire, faticare, sudare perché, come dice il popolo: non si va in paradiso in carrozza; così avvenne per Monica ed Agostino. L'estasi di Ostia fu un evento preparato da lontano con una vita d'impegno, di sofferenza, di pianti, di preghiere che Dio premiò unendo a Sé madre e figlio in un attimo di suprema felicità.

Ora Monica, pronta per il cielo, poteva far suo il cantico di Simeone che con in braccio il piccolo Gesù si rivolgeva a Dio così: "*Ora lascia, o Signore, che il tuo servo vada in pace secondo la tua parola, perché i miei occhi hanno visto la tua salvezza*". Così morì Monica che attese la risposta di Dio e giunse oltre il cielo ove, ora, vive beata per sempre.

Attualità del messaggio di Monica

"Onorare i martiri e non seguirne l'esempio, è, però, nient'altro che adulazione menzognera".

La santità di Monica non c'impressiona né c'intimorisce, perché la sua è una santità ricca e affascinante, aperta all'amicizia, che ti mette subito a tuo agio. Monica te la senti vicina, cammina faticando e fatica camminando insieme a te; con te soffre per le sconfitte e gioisce per le vittorie, sente il peso delle miserie e la gioiosa gratitudine per la grazia di Cristo che salva e redime. Monica è una creatura, una donna come tutte le donne del mondo; ha cercato di diventare santa, ma l'ideale della santità è proposto a tutti, anche a te; lei ci è diventata, tu, santo lo diventerai se vorrai, mettendoti in ascolto di Dio che ti chiama alla santità.

Chi sono i santi?

I santi sono coloro che hanno preso sul serio le beatitudini del Vangelo (*Beati i poveri in spirito... Beati i miti... Beati quelli che hanno fame e sete di giustizia...*) e hanno cercato di viverle ad ogni costo, con l'aiuto di Dio.

Ogni persona è santa alla propria maniera e secondo il proprio stile: ci sono i santi dotti e i santi ignoranti, i santi piccoli e quelli adulti, giova-

ni e vecchi, poveri e ricchi, uomini e donne, quelli che incarnano la povertà radicale come san Francesco d'Assisi ed altri che privilegiano l'umiltà, e così via. Ti sarai accorto che questi santi, pur diversi come persone, hanno in comune la *santità*. Santo è colui che vive di Dio, per Dio, con Dio. Quello che conta davanti a Dio è infatti essere santi, essere pieni di Lui, se poi il contenitore è piccolo o grande, che importa? È pieno tanto il bicchiere piccolo che il bicchiere grande. Così Monica è santa perché ha riempito di santità la sua vita di ragazza, di sposa, di madre e di vedova.

I santi guide

Stiamo vivendo un tempo di crisi, di povertà spirituale, di smarrimento, abbiamo bisogno di modelli, di guide sicure perché le strade del mondo hanno perduto le tracce di percorso, come i sentieri nel fitto di un bosco.

Lo rilevava qualche decennio fa Martin Heidegger nel suo saggio *I sentieri nel bosco*; il grande filosofo, commentando una poesia (*Perché i poeti nel tempo della miseria?*) del poeta tedesco Hölderlin afferma che il tempo della miseria è il tempo in cui gli dèi sono fuggiti e l'uomo non si è reso conto di essere rimasto orfano di Dio. Questa è la vera miseria dell'uomo: essere orfano e non accorgersene. In tale situazione i poeti hanno il compito di essere le guide dell'uomo, di scuoterlo, per segnalargli la "nostalgia dell'Altrove", cioè di Dio. Come il poeta nella notte del mondo indica la patria suscitandone la nostalgia, così il santo addita la patria dell'anima, cioè Dio e la strada che porta a Lui.

Monica è la nostra guida che, nel fitto della boscaglia, ci prende per mano per ricondurci alla salvezza. Dio dice nella Scrittura: *Siate santi come io sono santo*, e Gesù: *Siate perfetti come è perfetto il vostro padre celeste*. Imitare Dio c'incute spavento solo al pensarlo; per questo motivo ci sono i santi che, creature come noi, con pregi e difetti come noi, sono al nostro fianco e ci stimolano e sospingono ad andare avanti, con lo sguardo rivolto alla meta.

Un suggerimento di Agostino

Ai suoi fedeli, riuniti nella Basilica pacis, Agostino rivolse un discorso interessante sulla impossibilità di imitare Dio e sulla possibilità di imitare i santi. Eccone il testo: *Nel giorno solenne dei santi martiri* (si tratta della memoria dei XX martiri africani) *è un dovere il discorso di rito... [I martiri] non hanno bisogno delle nostre feste, poiché godono in cielo insieme agli angeli: non perché li onoriamo si compiacciono di noi, ma se li imitiamo. Quantunque, anche quando li onoriamo,*

è a noi che giova, non a loro. Onorarli e non seguirne l'esempio è però nient'altro che adulazione menzognera. Tali festività sono state istituite nella Chiesa di Cristo perché, in forza di esse, la comunità delle membra di Cristo si senta spinta ad imitare i martiri di Cristo. Il santo vescovo continua dicendo che se ci viene proposto di imitare Dio, Gesù Cristo, è normale dire: *Che somiglianza c'è tra me e Dio, tra me e Cristo? Pertanto ad eliminare ogni pretesto della debolezza priva di fede, i martiri ci hanno aperto una via lastricata. Con lastre di pietra, infatti, doveva essere costruita perché vi procedessimo sicuri: proprio da loro, con il loro sangue e le loro testimonianze.... Ora, chi è che si vergogna di affermare: sono inferiore a Dio? Naturalmente inferiore.... Ma Pietro era quel che sei tu, Paolo era quel che sei tu... Se ti pesa l'imitazione del Signore imita il compagno di servizio. È andata avanti la schiera dei servi, è stato eliminato il pretesto dei pigri. Da ultimo dice ancora: Sono da meno di Pietro, sono da meno di Paolo. Sei da meno della verità? Sono coronati gl'ignoranti, non c'è scusa per gl'imbelli. Alla fine, sei da meno dei fanciulli, sei da meno delle fanciulle.... Così infatti ci è stata data lettura della serie dei Venti santi Martiri: a cominciare dal vescovo Fidenzio, si è chiusa con santa Vittoria, donna di fede. Si parte dalla fede, si conclude con la vittoria" (Discorso 325, 1).*

Il testo di Agostino è chiaro: i santi sono i nostri modelli e le nostre guide, noi li possiamo imitare perché sono uomini e donne come tutte le creature umane del mondo. Nel caso nostro, Monica può essere imitata, è nostra contemporanea ed offre il suo messaggio alle giovani, alle spose, alle madri e alle vedove.

Messaggio di Monica

1. Alle giovani

Prepararsi alla vita è cosa seria e richiede costante esercizio e fatica. Chi pratica uno sport deve allenarsi, fare palestra per rendere i muscoli forti ed elastici; solo dopo questi esercizi può partecipare alle gare. Agostino c'insegna che c'è anche una palestra dello spirito che egli chiama *exercitatio animi,* che vuol dire *esercizio dello spirito.* In questa palestra spirituale si fanno esercizi di volontà, di libertà e di tutte quelle discipline che servono al controllo di sé e quindi a costruire la statura della persona umana. Le giovani sono invitate a frequentare una tale palestra; Monica vi si esercitò, aiutata da un'anziana serva che alla severità seppe unire la dolcezza e l'amore, e poté partecipare alla corsa della vita con dignità e decoro fino all'ultimo traguardo.

Oggi le palestre sono molto frequentate per mantenere in efficienza il corpo, perché sia bello e

armonioso. Questa bellezza, commenta Agostino, anche se deve essere curata perché il corpo è dono di Dio, non dura per molto, *sopraggiungendo infatti la vecchiaia, la bellezza se ne va* (*Comm. al Vangelo di s. Giovanni 32, 9*). *Se tu vuoi veramente essere* [*donna nella pienezza del tuo essere*] -dice Agostino- *devi trascendere il tempo*, devi aggrapparti a ciò che è eterno, a Dio; allora la tua bellezza non sarà più solcata dalle rughe che il tempo segna inesorabilmente sul tuo volto (cfr *Comm. al Vangelo di s. Giovanni 38, 10)*.

C'è una bellezza che non viene toccata dal tempo: la bellezza dell'anima, capace di rinnovare anche la decrepitezza del corpo illuminandola di luce. Questa bellezza si mantiene quando ti eserciti nella palestra dello spirito, il quale lotta per vincere il male, per costruire la pace nella giustizia, per la solidarietà tra i popoli, per un mondo più vivibile. I giovani vanno incoraggiati: lo saranno se verranno amati, soprattutto se verranno stimolati dal costante esempio degli adulti. Monica da giovane ha creduto agli ideali che le furono proposti; si è esercitata per conquistarli con la fatica, con la mortificazione e, come credente, con la preghiera. Monica ebbe i suoi difetti perché anch'ella portava i segni del peccato originale; lavorò non poco per essere una giovane forte, di carattere, entusiasta dei grandi ideali. Provaci anche tu, assaporerai anche tu la gioia esaltante della vittoria.

2. *Alle spose*

Il matrimonio di Monica non fu dei più felici: il marito la tradiva e lei lo sapeva; la suocera l'aveva accolta in casa con diffidenza e sospetto, a causa dei pettegolezzi delle giovani serve che non volevano perdere il favore della madre di Patrizio per l'arrivo in casa della giovane nuora. La pazienza, l'amabilità, il silenzio furono le armi di cui Monica si servì per superare le difficoltà in casa. Le testimonianze della giovane sposa e nuora furono molto più eloquenti dei discorsi; infatti si guadagnò la stima e l'amore da parte del marito e la convivenza pacifica e amorevole con la suocera.

Patrizio, nonostante l'irascibilità, non la sfiorò mai nemmeno con un dito. Le amiche di lei lo notarono: i loro mariti infatti erano più tranquilli del marito di Monica, eppure sui loro volti non di rado esse portavano i segni delle percosse. L'arma vincente di Monica fu il silenzio; sapeva stare zitta nei momenti difficili, per poi intervenire a tempo opportuno. *Finalmente* – leggiamo nelle *Confessioni - ti guadagnò anche il marito nell'ultima parte della sua vita, e dopo la conversione non ebbe a lamentare da parte sua gli oltraggi, che prima della conversione ebbe a tollerare* (*Conf.* IX, 9, 22). Patrizio morì nel 372.

Alla regola d'oro del silenzio si aggiunse quella della preghiera assidua, fervorosa e piena di abbandono in Dio. Alle amiche raccomandò le

armi da lei collaudate; il risultato positivo non si sarebbe fatto attendere.
Le giovani serve che avevano seminato zizzania tra Monica e la suocera vennero punite a dovere da Patrizio, a suon di *ferula* (bacchetta flessibile che di solito si usava in casa per infliggere le punizioni); *nessuna di loro* – scrive Agostino – *osò più farlo e le due donne vissero in dolce amorevolezza degna di essere menzionata* *(Conf. IX, 9, 20).*

3. Alle madri

Molti anni fa si cantavano due canzoni sulla mamma, giustamente rimaste famose: *Mamma son tanto felice perché ritorno da te...* la prima, *Son tutte belle le mamme del mondo...* la seconda. L'aggettivo "belle" della seconda ha il significato di pienezza: nella mamma infatti s'incarnano tutte le virtù; la bellezza le riassume; nella prima il ritorno del figlio è oggetto di "felicità". Bellezza e felicità sono attributi dell'Assoluto, di Dio, i quali rivestendosi di femminilità diventano *amore. Bellezza, felicità e amore:* questa è la mamma.

Il rapporto tra la mamma e il figlio ha il sapore dell'amore. Ma la medaglia ha due facce; se una è l'amore, l'altra è l'amarezza: il cuore della mamma porta impressa la preoccupazione, l'ansia per il figlio. I figli per la mamma sono croce e delizia: letizia per la gioia della vita, per la tenerezza dell'amore; croce perché c'è sempre il timore che la letizia possa essere offuscata dal male fisico o morale-spirituale. Così fu per Monica, così per tutte le mamme di oggi; forse quelle di oggi sono molto più preoccupate per le maggiori insidie a cui sono esposti i figli (violenza, criminalità, droga, AIDS e tanto altro). Oggi inoltre viviamo in una società diversa: democrazia, autonomia, libertà, hanno portato i figli fuori casa. La famiglia, la scuola, le istituzioni non sono più punti di riferimento. Perché? Non sarà forse perché incapaci di offrire la loro testimonianza? Insomma i giovani di oggi fuggono, vagano a briglia sciolta. C'è poi nelle loro menti tanta confusione per l'eccessivo affollamento di immagini, provenienti dalla TV, dal computer, da Internet e dai "telefonini". Chi aiuterà questi giovani ad esprimere un giudizio critico nel selezionare immagini che presentano sempre più di frequente delle realtà definite "virtuali", cioè realtà che non esistono? I giovani spesso inseguono chimere, fantasie.

Educare è impresa difficile. La speranza è la vera forza della mamma. Nutrirla vuol dire acquistare ottimismo: i giovani sono imprevedibili, hanno però forze nascoste che devono essere portate alla luce e stimolate. Chi meglio della mamma può farlo?

Guardate Monica, donna del passato ma modello per le madri di oggi: segue il figlio Agostino come può, lo richiama al senso dell'onestà, lo

responsabilizza, soprattutto quando, morto il marito, ha dovuto provvedere a mantere lui agli studi e la sua piccola famiglia. Non potendolo fare lei, si mette alla ricerca di qualcuno che possa discutere con il figlio e persuaderlo a liberarsi dei manichei. Insegue il figlio secondo le proprie possibilità, ma sempre con tanto amore. Soprattutto ha tanto pregato e tanto pianto, per 33 anni. Alla fine ha ottenuto da Dio molto più di quanto aveva chiesto; Agostino si converte al servizio totale di Cristo e della Chiesa, mentre lei ne aveva chiesto solo il ritorno a quella fede che gli aveva insegnato.

Monica è stata una madre come lo siete voi, donne; si mette al vostro fianco per aiutarvi a camminare nei difficili percorsi della vita, nell'attesa fiduciosa della misericordia di Dio. Le mamme sono un po' profetesse per i loro figli, sanno andare al di là delle apparenze; sanno prevedere il futuro per prevenire, difendere e salvare i figli in pericolo.

La preghiera è il nutrimento che dà forza. Più che i consigli a parole, i genitori si sforzino più ad offrire loro la testimonianza di vita. Non molto tempo fa stavo presso una famiglia di quattro persone: papà, mamma e due figli; parlando con questi due sul proprio rapporto con i genitori mi diedero la seguente risposta: per noi non esistono problemi perché mamma e papà si vogliono un gran bene e ce lo dimostrano ogni giorno.

I genitori devono essere modelli per i loro figli.

4. Alle vedove

Monica rimase vedova a circa 40 anni, con tre figli a carico di cui uno, Agostino, all'Università di Cartagine. Alle preoccupazioni economiche si aggiungevano quelle spirituali per il figlio lontano: il suo pensiero stava sempre là, in quanto gli altri due li teneva con sé e non avevano i problemi di Agostino; questo inoltre era diventato manicheo; per una credente come lei, avere un eretico in casa era un grande dolore, una sventura. Monica affrontò con coraggio e determinazione queste situazioni di disagio, portando a termine il suo compito: Agostino si laureò brillantemente e dopo molti disagi vinse il concorso di professore ufficiale dell'Impero e più tardi si convertì al servizio totale di Cristo. Gli innumerevoli sacrifici di Monica ed anche quelli di Agostino stesso non furono vani.

Le pratiche religiose con la partecipazione quotidiana all'eucaristia, le elemosine (cioè le opere di misericordia corporali e spirituali), le preghiere continue avevano temprata e resa forte la madre di Agostino. Era doveroso e giusto ricordarlo per i posteri; il figlio Agostino lo ha fatto nelle *Confessioni*, dove leggiamo che Monica *è stata una vedova casta e sobria, assidua nelle elemosine, devota e sottomessa ai tuoi santi (vescovo, sacerdoti, diaconi); che non lasciva passare giornata senza recare l'offerta al tuo altare, che due volte al gior-*

no, mattina e sera, senza fallo visitava la tua Chiesa, e non per confabulare vanamente e chiacchierare con altre vecchie, ma per udire le tue parole e far udire le sue orazioni (Conf. V, 9, 17).

Solo chi lo ha vissuto può descrivere lo stato di vedovanza; perdere il marito o la moglie, amati per tutta una vita, è una lacerazione più forte di quella corporale, come strappare un braccio, una gamba, perché allo strappo fisico (marito e moglie, dice la Scrittura, sono una sola carne) si aggiunge quello spirituale, che accresce di gran lunga il dolore.
Monica visse la condizione di vedovanza con fede viva nel Signore delle misericordie, sempre pronto ad accogliere le preghiere di chi lo invoca con cuore sincero, e questa stessa fede raccomanda a chi si dovesse trovare nella condizione in cui ella si trovò. Agostino scrisse una lettera, che è come un trattato, per la giovane e nobile vedova Giuliana, appartenente alla ricca famiglia degli Anici. Questa lettera-trattato contiene una specie di piccolo decalogo per le vedove che si consacrano a Dio. Sono convinto che Agostino, nello scriverlo, ha voluto tenere presente come sua madre aveva vissuto la vedovanza. La vedova che si consacra a Dio deve praticare: *la lettura (*della sacra Scrittura), *l'orazione, la salmodia* (la recita dei salmi), *i buoni pensieri, l'impegno in opere di bene, l'attesa della vita futura, l'elevazione del cuore* (un cuore gioioso), *il ringraziamento al Padre di ogni*

bene, il pio uso dei beni, i digiuni e le veglie (*La dignità dello stato vedovile 21, 26*).

Voglio terminare questo capitolo sul messaggio di santa Monica alle donne di oggi con le parole di un grande studioso di Agostino, p. Agostino Trapè, mio maestro e padre spirituale il quale, comunicandomi l'entusiasmo, mi ha sempre esortato a diffondere con amore il pensiero del santo vescovo d'Ippona; posso dire di avergli obbedito come meglio mi è stato possibile, e con gioia. Mi mancava di fare qualcosa per santa Monica, madre naturale di Agostino e mia spirituale, ho ovviato con questo libro in sua memoria, come già ho accennato all'inizio. Ora, però, voglio riprendere le parole di p. Agostino Trapè (ne ho il suo tacito permesso) e le scrivo come se fossero mie per chiudere questa non piccola fatica: "lasciate anche me concludere con queste parole che mi escono dal cuore: occorre tutti mettersi alla scuola del cuore, ascoltare tutti il maestro interiore, che ammonisce, illumina, insegna, per essere veramente uomini, sapientemente cristiani, sinceramente santi. Monica, che credeva di aver chiuso la sua missione quaggiù, la continua per tutti noi"[24].

[24] A. TRAPÈ, *S. Monica, una donna di fede* - XVI centenario della morte 387 - 1987, pp.41-51.

BIBLIOGRAFIA

Non riporto in questa nota bibliografica l'elenco delle opere di sant'Agostino nelle quali parla di sua madre perché i testi agostiniani sono stati raccolti e ordinati tutti da padre Agostino Trapè.

Nell'elenco che troverete qui sotto sarà il primo delle biografie riportate.

SANT'AGOSTINO, *Mia madre,* a cura di A. Trapè, Piccola Biblioteca Agostiniana, Città Nuova Editrice, Roma 1983.

A. TRAPE', *S. Monica – Una donna forte* XVI Centenario della morte 387 – 1987.

GUALANDI G., *S. Monica, la madre di S. Agostino, Edizioni Paoline 1960.*

ERAMO A., *Sant'Agostino-Mia madre Monica,* Edizione Gioia, Roma 1974.

FALBO G., Vita di S. Monica, Ed. Coletti, Roma 1980.

TRAPÈ A., *Monica* in *Biblioteca Sactorum IX, Roma 1967, coll. 548-561.*

SOMA G., *Agostino e Monica,* Centro culturale Il Grappolo, Varese 2001.

DONI R., *La madre di Agostino,* Edizioni Paoline, Milano 2002.

ANGELINI F. L., *Monica - madre e maestra*, Ed. Acquaro, Mortina Franca 2004

TRAPÈ A., *S. Agostino. L'uomo, il pastore, il mistico,* Città Nuova Editrice, Roma 2001.

SANT'AGOSTINO, *Le Confessioni* a cura di C. Carena, N.B.A., Città Nuova Editrice, Roma 1975.

SANT'AGOSTINO, *Le Confessioni* a cura di Anselmo Bussoni, Libreria Editrice Vaticana, Città del Vaticano 1994.

GIULIETTA SAGINARIO, *Monnica mia madre – biografia critica della madre di Agostino,* Città Nuova Editrice, Roma 2005.

POSTFAZIONE

Ho appena terminato la stesura e la correzione del presente lavoro su Monica, madre di Agostino, quando mi arriva il volume dal titolo *Monnica mia madre - biografia critica della madre di Agostino* di Giulietta Saginario, Città nuova Editrice, Roma 2005.

Avevo già letto il lavoro perché, come direttore della collana, l'Editrice mi aveva chiesto che esprimessi il mio parere, che fu senz'altro positivo.

L'ho riletto attentamente e piacevolmente; è un testo scorrevole e, soprattutto, sostanzioso.

I testi di Agostino sulla madre Monica sono letti e interpretati con intelligenza e con equilibrio.

È il primo lavoro critico su Monica in lingua italiana. Credo che chi vorrà scrivere su Monica dovrà senz'altro confrontarsi con il lavoro della Saginario.

All'autrice vanno i miei complimenti e anche il mio grazie, perché la rilettura del suo lavoro nel libro stampato mi ha stimolato di rivedere anche il mio, più modesto, in quanto il suo scopo è divulgativo.

TOTUS TUUS

"Cristo, Principe della Pace è la sorgente della nostra autentica gioia. Testimoniamo la gioia di questa sua presenza forte e dolce a tutti. Diciamo loro che è bello essere amici di Gesù e che vale la pena seguirlo. Mostriamo con il nostro entusiasmo che, tra tanti modi di vivere che oggi il mondo sembra offrirci, tutti apparentemente sullo stesso piano, solo seguendo Gesù si trova il vero senso della vita e perciò la gioia vera e duratura".

Benedetto XVI

Queste parole incarnano alla perfezione l'ideale di vita, gli intenti, la natura e l'opera dell'Editrice Shalom che risponde quotidianamente di "Sì" a quella vocazione alla missione evangelizzatrice, così primaria e più che mai urgente. In questi tempi, infatti, in cui la nostra fedeltà all'unica Chiesa di Cristo è messa a dura prova, è essenziale accogliere nella nostra esperienza cristiana la sottomissione, l'obbedienza e la comunione con il Papa, vivificati dal vincolo di amore trinitario e incoraggiati e guidati da Maria. In più di un'occasione Papa Benedetto XVI ha rinnovato l'invito a difendere il dono più grande che abbiamo: la fede, una fede, sì, aperta al dialogo, ma radicata sull'unica roccia: Gesù Cristo. Anche noi accogliamo l'invito ad avere più coraggio, con tutto il rispetto per le altre culture e religioni nel difendere il grande dono che ci è dato: la vita e la fede in Gesù Cristo che è l'unica vera.

Facendo della promessa della Vergine di Lourdes a Bernadette lo scopo del nostro lavoro: "Non vi prometto di rendervi felici in questo mondo, ma nell'altro" presentiamo il catalogo 2006 sotto il segno della profezia espressa dal santo Curato d'Ars: "Verrà un giorno in cui gli uomini saranno talmente stanchi di sentir parlare dell'uomo che piangeranno di gioia quando si parlerà loro di Gesù!". Le pagine che seguono, infatti, propongono testi ortodossi (cioè scritti in assoluta obbedienza alle leggi della Chiesa Cattolica) editi dall'Editrice SHALOM, casa editrice cattolica e mariana, che si prefigge di promuovere la preghiera tra il maggior numero possibile di lettori e di ristabilire il culto Eucaristico al centro della vita umana. Per rendere attuabile questo progetto, l'Editrice SHALOM, pur essendo una società commerciale, ha rinunciato ad ogni fine di lucro e non riconosce alcun tipo di diritto d'autore (né patrimoniale, né morale) su testi, traduzioni, foto, disegni ed illustrazioni di ogni tipo. Abbiamo notato che il Signore è molto generoso con........... i generosi. Egli infatti non può sopportare di farsi battere in generosità. Questa iniziativa viene sviluppata allo scopo di contribuire al trionfo del Cuore Immacolato di Maria, nella certezza di poter servire Il Regno di Dio, partecipando alla fede e all'obbedienza di Maria, serva e madre del Signore, affidandosi totalmente alla sua protezione insieme a quella di san Giuseppe e dei santi Michele, Gabriele e Raffaele arcangeli. *Stampato marzo 2006 da Tibergraph di Città di Castello.*

"PREGATE, PREGATE, PREGATE"

Formato: cm. 12 x 19	
Pagine: 480	
Prezzo: € 7,00	
Codice d'ordine 8100	

codice 8100

Collana: LA MADRE DI DIO

Più che parlare di questo libro "miracoloso" è il "Pregate, pregate, pregate" che parla da sé e di sé. È il "passa-parola" di migliaia e migliaia di cristiani che lo hanno apprezzato, sgualcito, usato e consumato nella preghiera e che non potendone fare a meno lo hanno ricomprato quando cadeva a pezzi e non potendo tacere le meraviglie che la preghiera operava in loro lo hanno regalato ai propri cari, conoscenti o diffuso come opera di apostolato.

Per questo ogni parola o slogan è impreciso e riduttivo per spiegare questa, che non è una semplice antologia di preghiere o un manualetto più o meno completo di preghiera, ma uno strumento agile, efficace e utilizzabile da 0 a 110 anni... Da chi è alle prime armi e non conosce le verità della fede e le preghiere tradizionali, da chi le ha un po' impolverate per gli anni lontani dal Signore, da chi vuole pregare usando devozioni e formule care alla tradizione o da chi vuole provare nuove forme e tipi di preghiera... in una parola da tutti!

ISBN 978-88-816-00-7

Autore

Madre Maria Gabriella Turrin dell'Annunciazione cmop

Contenuti

- Preghiere, coroncine, consacrazioni, suppliche e novene con le quali onorare, chiedere, lodare e ringraziare:
- Padre
- Figlio
- Spirito Santo
- Beata Vergine Maria
- Santa Famiglia
- Angeli
- Santi

Oltre a:

- Le verità della fede
- Le preghiere tradizionali

Codice 8101	Ediz. pregiata con copertina cartonata	**€ 8,00**
Codice 8150	Edizione ampliata	prossima edizione
Codice 8148	Pray, pray, pray *(inglese)*	**€ 9,00**
Codice 8149	Recen, recen, recen *(spagnolo)*	prossima edizione

“PREGATE IL SANTO ROSARIO OGNI GIORNO, PREGATE INSIEME”

NUOVA EDIZIONE

codice 8102

Formato: cm. 12 x 19
Pagine: 256
Prezzo: € 5,00
Codice d'ordine 8102

Collana: **LA MADRE DI DIO**

ISBN 978-88-86616-02-3

Autore
Padre Slavko Barbaric ofm

Contenuti
- Come si recita il Rosario...
- I Misteri della Gioia
- I Misteri del Dolore
- I Misteri della Gloria
- I Misteri della Luce
- Ben cinque meditazioni per ogni mistero
- Preghiere di ogni giorno
- Consacrazioni
- Preghiere per la famiglia
- Verità principali della fede

Questa edizione, completamente rinnovata, con un linguaggio semplice e accessibile a tutti, dai più giovani ai più anziani, aiuta a pregare col cuore. Soprattutto aiuta a mettere in pratica quello che la Madonna chiede: vivere i misteri! Queste meditazioni aiuteranno a “vivere” i misteri del Rosario facendo riflettere su aspetti concreti della nostra vita, su momenti della nostra quotidianità visti alla luce dei misteri del Santo Rosario: vi avevano mai detto che per vivere i misteri bisogna perdonare, donare senza aspettarsi mai niente in cambio, amare il prossimo, iniziando dai nostri familiari, sopportare, consolare, ma soprattutto amare?

Codice 8103	Edizione tascabile (cm.10x14 - pag.192)	**€ 2,50**
Codice 8234	Edizione tascabile (cm.10x14 - pag.32)	**€ 1,50**
Codice 8117	Recen el Santo Rosario cada dia, *(spagnolo)*	**€ 5,00**
Codice 8118	Pray the Holy Rosary every day *(inglese)*	**€ 5,00**
Codice 8120	Priez chaque jour le Saint Rosaire, *(francese)*	**€ 5,00**
Codice 8119	Betet den Heligen Rosenkranz (tedesco)	**€ 5,00**
Codice 8171	Codziennie odmavviajcie Rozaniec *(polacco)*	**€ 5,00**

SULLA TUA PAROLA
MESSALINO
LETTURE DELLA MESSA COMMENTATE PER VIVERE LA PAROLA DI DIO

Formato: cm. 9,4 x 13,8	
Pagine: 384	
Prezzo: € 3,00	
Codice d'ordine vari	

Collana: **IL FIGLIO**

Tutte le letture del giorno raccolte, due mesi per due mesi, in un comodo libricino, economico, leggero e tascabile, da portare in borsa o in tasca quando vai alla Santa Messa, o anche semplicemente per leggere la Parola di Dio comodamente a casa propria o per strada.Poiché la Parola di Dio non è un libro qualunque, ma è il Signore a parlare al nostro cuore, allora ci siamo posti l'obiettivo di aiutare il fedele a capire il più possibile le letture. Infatti ogni lettura è spiegata e meditata, per comprendere il Vangelo ma anche per capire e conoscere i "personaggi" dell'Antico e del Nuovo Testamento, il perché delle loro azioni o delle loro parole che assai spesso risultano poco comprensibili se non si conosce il contesto in cui loro agivano o parlavano.

Commenti:
Fr. Roberto Fusco ffb

Modi di vivere:
Sr. Anne Marie Wauthier ffb

Contenuti
Ogni libretto ti accompagna per due mesi e contiene:

- Le letture della Messa
- Meditazioni per ogni lettura.
- Spunti di riflessione
- Propositi semplici per mettere in pratica la Parola di Dio.
- Perle di vita cristiana.

Codice 8281	Gennaio - Febbraio	**€ 3,00**
Codice 8282	Marzo - Aprile	**€ 3,00**
Codice 8283	Maggio - Giugno	**€ 3,00**
Codice 8278	Luglio - Agosto	**€ 3,00**
Codice 8279	Settembre - Ottobre	**€ 3,00**
Codice 8280	Novembre - Dicembre	**€ 3,00**
Abbonamento annuale ai 6 numeri del Messalino		**€ 18,00**

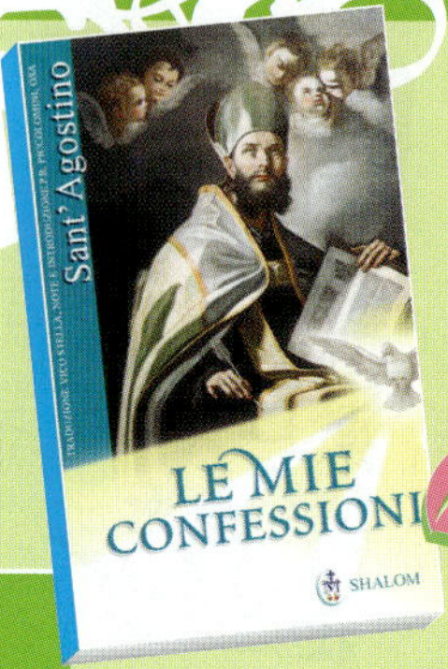

codice 8300

LE MIE CONFESSIONI

Formato: cm. 12 x 19	
Pagine: 640	
Prezzo: € 8,00	
Codice d'ordine 8300	

Testi originali di sant'Agostino

In questo libro ognuno potrà ritrovarsi con le proprie debolezze e soprattutto con le proprie passioni, che Agostino riteneva forze vitali insostituibili, purché incanalate verso il loro vero fine.
Dopo la Bibbia pochi libri possono essere considerati come questo una pietra miliare nella formazione dei cristiani di ogni tempo.

Collana:
I SANTI

codice 8330

DON ORIONE
DARE LA VITA CANTANDO L'AMORE

Formato: cm. 11 x 17	
Pagine: 448	
Prezzo: € 7,00	
Codice d'ordine 8330	

ISBN
978-88-8404-111-1

Un libro di Don Arcangelo Campagna FDP

La biografia scritta con amore di figlio da don Campagna, si distingue ed il lettore se ne accorgerà immediatamente per scorrevolezza di stile, rapidità di narrazione e, soprattutto, per una curatissima informazione che non può non suscitare vivissimo interesse.

Collana:
I SANTI

SANTA RITA DA CASCIA MONACA AGOSTINIANA

Formato: cm. 11 x 17	
Pagine: 192	
Prezzo: € 5,00	
Codice d'ordine 8227	

codice 8227

Un libro di Padre Remo Piccolomini osa
e Natalino Monopoli

Si tratta di un testo pensato per gli innamorati di santa Rita, ma si può amare chi non si conosce?
Allora si tratta di un testo pensato per tutti poiché, anche coloro che non conoscono la santa di Cascia saranno vittime di un vero e proprio colpo di fulmine, innamorandosene a "prima vista".

Collana:
I SANTI

PREGHIERE A SANTA RITA DA CASCIA

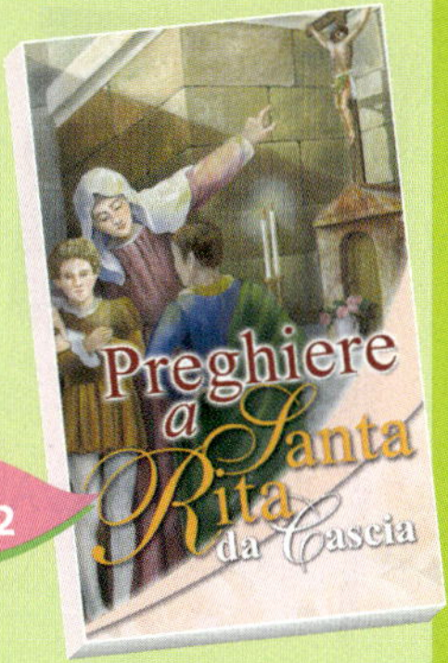

Formato: cm. 12 x 19	
Pagine: 256	
Prezzo: € 7,00	
Codice d'ordine 8352	

codice 8352

Un libro di Padre Remo Piccolomini osa
e Natalino Monopoli

La profondità della sua preghiera Rita la esprimeva nelle forme care alla pietà popolare: poteva così più facilmente aprire alla preghiera la gente umile alla quale di preferenza si rivolgeva. Seguirne l'esempio vuol dire riscoprire il significato della preghiera, che è "Innamorarsi e incontrarsi con Dio".

Collana:
I SANTI

SAN GABRIELE DELL'ADDOLORATA
ABITARE LA GIOIA

codice 8351

Formato: cm. 11 x 17	
Pagine: 256	
Prezzo: € 5,00	
Codice d'ordine 8351	

ISBN
978-88-8404-091-6

Padre Francesco Cordeschi CP
e Padre Pierluigi Di Eugenio CP

"Abitare la gioia", non è uno spot promozionale, per un edificio futuribile o per una vacanza da favola, ma è la sintesi della vita di un giovane che ripeteva: "La mia vita è una gioia continua". San Gabriele ha fatto della sua vita, piantata alle falde del Gran Sasso,un'esperienza unica e irrepetibile di gioia.

Collana:
I SANTI

SAN GERARDO
IL FRATICELLO CHE GIOCAVA CON DIO

codice 8328

Formato: cm. 11 x 17	
Pagine: 384	
Prezzo: € 5,00	
Codice d'ordine 8328	

ISBN
978-88-8404-089-3

Un libro di Padre Luciano Panella C.Ss.R.

San Gerardo Maiella bisogna prenderlo così com'è: una copia del Cristo sofferente, un fanatico della volontà di Dio, un carismatico cacciatore di anime, un mistico spesso in estasi, un seminatore di miracoli.

CHI NON RIESCE AD AVERE UN FIGLIO LO INVOCHI!

Collana:
I SANTI

PIO XII
È VERAMENTE UN SANTO

Formato: cm. 11 x 17	
Pagine: 384	
Prezzo: € 5,00	
Codice d'ordine 8298	

codice 8298

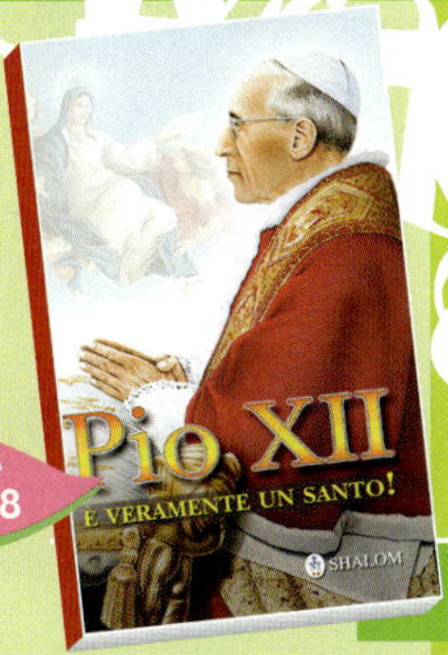

Un libro di don Giuseppe Cionchi

Pio XII va giudicato da quello che ha fatto. Le testimonianze abbondano in questo libro semplice e chiaro che vuole riaffermare la santità di uno dei papi più contestati della storia del Cristianesimo. Nella notte più buia della calunnia e della diffamazione è solo una piccola fiammella... Ma senza questa il buio sarebbe più pesto!

ISBN
978-88-8404-075-6

Collana:
I SANTI

IL PIO IX NASCOSTO

Formato: cm. 11 x 17	
Pagine: 256	
Prezzo: € 5,00	
Codice d'ordine 8236	

codice 8236

Un libro di don Giuseppe Cionchi

I più ignorano la sua vita intessuta di preghiere, grazia, umiltà e carità; il suo amore sincero per Dio e per l'Eucaristia, la devozione al Sacro Cuore e alla Madonna, la sua venerazione per i santi, le sue opere di carità! "Sono un sacerdote povero di Cristo povero", "un buon parroco di campagna": così amava definirsi Pio IX, odiato dai regnanti e amato dal popolo.

ISBN
978-88-8404-003-5

Collana:
I SANTI

PROSSIMA USCITA

SAN GIOVANNI BOSCO

codice
8326

Formato: cm. 11 x 17
Pagine: 192
Prezzo: € 4,00
Codice d'ordine 8326

Grande apostolo dei giovani, San Giovanni Bosco (1815-1888) fu loro padre e guida alla salvezza con il metodo della persuasione, della religiosità autentica, dell'amore teso sempre a prevenire anziché a reprimere. Sul modello di san Francesco di Sales il suo metodo educativo e apostolico si ispira ad un umanesimo cristiano che attinge motivazioni ed energie alle fonti della sapienza evangelica.

Collana:
I SANTI

SAN GIUSEPPE MOSCATI
UN GRANDE NELLA CARITÀ

codice
8327

Formato: cm. 11 x 17
Pagine: 320
Prezzo: € 5,00
Codice d'ordine 8327

ISBN
978-88-8404-114-2

Un libro di Padre Carlo Colonna s.j. ed Elisabetta Nardi
Il profetismo di san Giuseppe Moscati emergeva soprattutto nel modo di esercitare la sua professione medica, un profetismo singolare, che si manifestava nella rapidità, veracità e sicurezza con cui eccelleva nel diagnosticare le malattie dei suoi pazienti, nel suggerire rimedi adatti, nel prevedere guarigione o morte e cose simili.

Collana:
I SANTI

FILOTEA:
INTRODUZIONE ALLA VITA DEVOTA

Formato: cm. 11 x 17
Pagine: 512
Prezzo: € 7,00
Codice d'ordine 8240

codice 8240

Manoscritto originale di San Francesco di Sales tradotto dal francese da don Giuseppe Cionchi

ISBN
978-88-8404-036-1

Questo libro aiuta milioni e milioni di cristiani da più di quattro secoli. Con un linguaggio semplice e pieno di amore paterno san Francesco di Sales ci prende per mano guidandoci lungo il difficile cammino della santità.

Collana:
I SANTI

IL CUORE DI MADRE SPERANZA

Formato: cm. 12 x 19
Pagine: 320
Prezzo: € 5,00
Codice d'ordine 8165

codice 8165

Un libro scritto da vari sacerdoti della Congregazione dei figli dell'Amore Misericordioso

ISBN
978-88-86616-99-6

Per conoscere Madre Speranza, apostola dell'Amore Misericordioso e per apprenderne il suo messaggio. Esce in versione completamente rinnovata nei suoi contenuti per raggiungere un pubblico più vasto, cioè sia coloro che già hanno il libro e lo hanno amato e chi non conosce la figura della piccola-grande suora.

Collana:
I SANTI

PREGHIERE AI SANTI BENEDETTO E SCOLASTICA

codice 8125

Formato: cm. 12 x 19
Pagine: 224
Prezzo: € 7,00
Codice d'ordine 8125

ISBN
978-88-86616-76-8

Questo "Libro di preghiere" ha lo scopo di aiutare quanti vogliono rivolgersi a san Benedetto nella preghiera, nella invocazione, nella richiesta di grazie e favori, affinché possano attraverso la loro intercessione ottenere la misericordia del Signore, che è grande per quanti lo invocano.

Collana:
I SANTI

STORIA DI UN'ANIMA

codice 8203

Formato: cm. 11 x 17
Pagine: 448
Prezzo: € 5,00
Codice d'ordine 8203

ISBN
978-88-86616-89-9

Manoscritto originale di Santa Teresa di Gesù Bambino
Santa Teresa di Gesù Bambino ha scritto in prima persona questa autobiografia "spirituale" che ripercorre le tappe più significative della sua vita. Santa Teresa, ritenuta ancora oggi una delle figure più attuali della cristianità, ha fatto conoscere al mondo le meraviglie operate in lei dall'amore di Gesù, ed attuabili in ogni persona.

Collana:
I SANTI

LO SCAPOLARE DEL CARMELO

Formato: cm. 10 x 14	
Pagine: 256	
Prezzo: e 3,00	
Codice d'ordine 8339	

codice 8339

Lo Scapolare, rimane solo un segno e un pegno della protezione di Maria per chi lo indossa devotamente. Al tempo stesso, lo Scapolare è un segno di appartenenza a Maria e di fiducioso affidamento a lei, in una parola di "consacrazione mariana". In questo libro tutta la devozione legata all'Abitino della Vergine in versione tascabile.

ISBN 978-88-8404-081-7

Collana: LA MADRE DI DIO

LA MEDAGLIA MIRACOLOSA

Formato: cm. 10 x 14	
Pagine: 192	
Prezzo: e 3,00	
Codice d'ordine 8332	

codice 8332

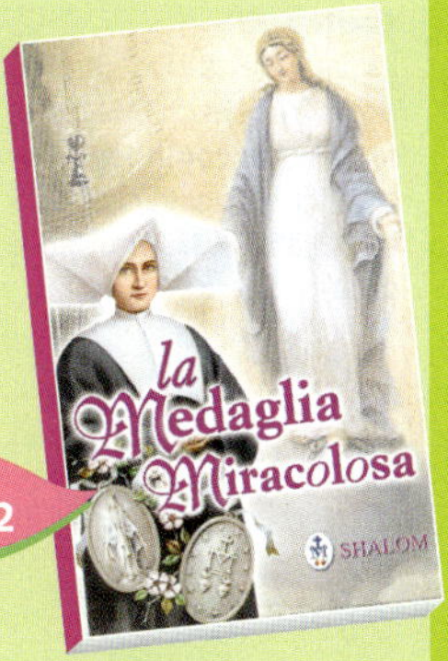

Per conoscere e amare la storia e la devozione dell'unica medaglia ideata e voluta dalla Madonna e somigliarle sempre di più! Se santa Caterina Labouré a cui la Vergine, comparendo nel 1830, chiese di coniarla, si lamentò che il dono della Medaglia miracolosa non era apprezzato come si conveniva, dobbiamo far sì che questo lamento non valga per noi... Dipende da noi, dal nostro amore per la Madonna.

ISBN 978-88-8404-098-5

Collana: MARIA PARLA ANCORA

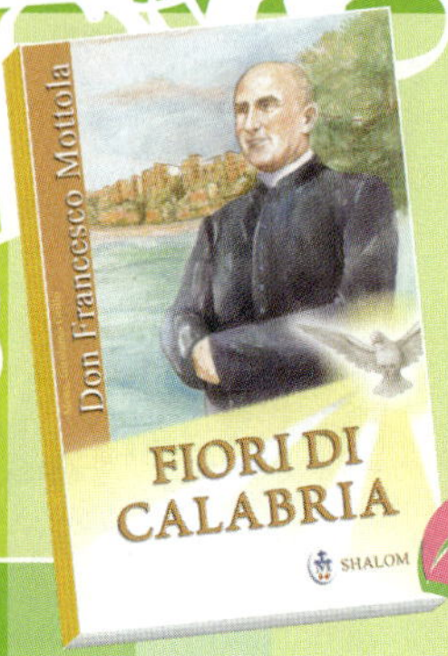

FIORI DI CALABRIA

codice 8357

Formato: cm. 11 x 17	
Pagine: 192	
Prezzo: € 5,00	
Codice d'ordine 8357	

Collana: I SANTI

ISBN 978-88-8404-113-5

Autore
Mons. Girolamo Grillo
Vescovo di Civitavecchia-Tarquinia

Contenuti
La vita del Servo di Dio, don Francesco Mottola, raccontata come tanti fioretti con la vivacità e la freschezza di uno stile diretto e vivo.

"Mi auguro che questo volumetto venga in mano anche a qualche mamma, alla quale vorrei dire: cerca di leggere assieme al tuo bambino queste stupende poesie d'amore. Prendi e leggi: è uno scritto per i piccoli, ma anche per gli adulti che sentono il bisogno di raggiungere la vetta dell'infanzia dello spirito. Leggi in questa visuale. Soltanto allora sentirai anche tu la fragranza e la freschezza di questi fiori".

Mons. Girolamo Grillo,
Vescovo di Civitavecchia-Tarquinia

Don Francesco Mottola nacque a Tropea (Catanzaro) il 3 gennaio 1901, quindi figlio della bella terra di Calabria. Sacerdote prima, rettore di Seminario poi, aveva 41 anni quando nel 1942 rimase colpito da una paralisi, che gli tolse persino l'uso della parola e che sembrò stroncare la sua attività sacerdotale, ma padre Francesco Mottola seppe dimostrare la grandezza autentica della sua personalità, accettando con amore e speranza il sacrificio e la croce, che gli era stata caricata addosso. Solo chi ha conosciuto questa "perla del clero calabrese" come Mons. Grillo poteva raccontarne la vita trattegiandone la figura in maniera semplice e immediata attraverso gli episodi di santità che sbocciano di fronte al lettore come fiori.

PREGHIERE A SANTA ROSALIA

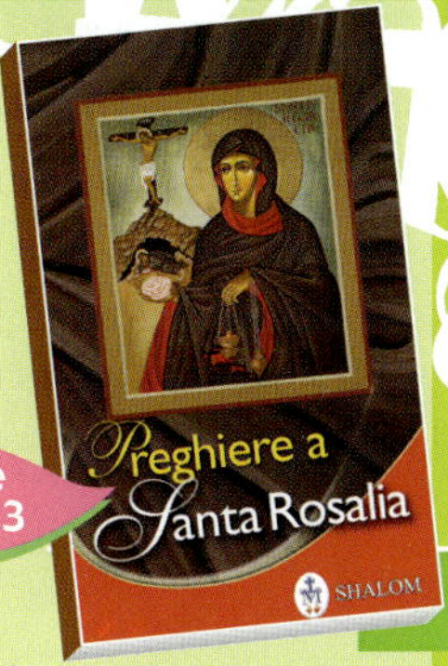

codice 8323

Formato: cm. 11 x 17	
Pagine: 384	
Prezzo: € 7,00	
Codice d'ordine 8323	

Questo manuale di pietà vuole essere un sussidio ai devoti di santa Rosalia, un aiuto per intensificare i rapporti personali con Dio. Ci auguriamo che i devoti possano utilizzare questo libro di preghiere specialmente quando si recano in devoto pellegrinaggio al Santuario di santa Rosalia per ravvivare il loro cammino di fede che sono chiamati a ripercorrere con la Santuzza in questo terzo millennio cristiano.

ISBN
978-88-8404-033-7

Collana:
I SANTI

SAN MASSIMILIANO KOLBE

codice 8368

Formato: cm. 11 x 17	
Pagine: 320	
Prezzo: € 5,00	
Codice d'ordine 8368	

Massimiliano Maria Kolbe innamorato della Vergine, fondò "La Milizia di Maria Immacolata" e svolse, con la parola e con la stampa, un intenso apostolato missionario in Europa e in Asia. Deportato ad Auschwitz durante la seconda guerra mondiale, in uno slancio di carità offrì la sua vita di sacerdote in cambio di quella di un padre di famiglia, suo compagno di prigionia.

ISBN
978-88-8404-033-7

Collana:
I SANTI